W0172147

MATHILDE
SCHWABENEDER

SIE PACKEN AUS

MATHILDE SCHWABENEDER

SIE PACKEN AUS

Frauen im Kampf gegen die Mafia

MOLDEN

»

Der Kampf gegen die Mafia ist weiblich.

INHALT

VORWORT

Sie sind Juristinnen, Politikerinnen und Journalistinnen, manche arbeiten auch in ganz anderen Berufen.

Sie decken unermüdlich auf und packen schonungslos aus.

Ihr gemeinsames Ziel: der Kampf gegen Cosa Nostra, Camorra und 'Ndrangheta.

Lange Zeit waren die Mafien sowie die Anti-Mafia-Bewegung ausschließlich von Männern dominiert. In der realen Welt wie im Kino prägten Bilder von Superbossen die Vorstellung vom organisierten Verbrechen. Auch die Anti-Mafia-Helden waren männlich. Bis heute sind die 1992 ermordeten Richter Giovanni Falcone und Paolo Borsellino alles überstrahlende Symbolfiguren. Sie stehen für den Kampf gegen die Mafia.

Anfangs fast unbemerkt, orientieren sich seither jedoch immer mehr Frauen an ihrem Beispiel. So wächst die Zahl der Aufdeckerinnen, die sich unter Lebensgefahr, mit Überzeugung und Engagement dafür einsetzen, dass die Verbrechen der Mafien aufgedeckt werden und ins Bewusstsein der Öffentlichkeit gelangen. Heute ist die Anti-Mafia-Bewegung also durchwegs auch weiblich. Das gilt für den Kampf von außen wie von innen.

»Wir zählen beim Kampf gegen die Mafien auf die Frauen«, sagte mir bei einer meiner Recherchen auch der heutige Leiter der Staatsanwaltschaft von Rom, Michele Prestipino. »Je mehr Frauen ihnen den Rücken kehren, desto eher wird es möglich sein, die Mafien zu besiegen.«

Denn es sind nach wie vor die Frauen, die den archaischen Ehrenkodex der Mafien an ihre Kinder weitergeben. Sie erziehen die zukünftigen Bosse und nehmen gleichzeitig immer öfter eine zentrale Rolle im organisierten Verbrechen ein. Bricht eine Frau jedoch ihr Schweigen, reißt sie schonungslos Dämme ein und gibt sorgfältig gehütete Geheimnisse preis.

Sich gegen die Mafien aufzulehnen, verlangt großen Mut, Selbstverleugnung und manchmal die Bereitschaft, mit dem eigenen Umfeld komplett zu brechen, das konnte ich bei meiner Arbeit zu diesem Buch regelmäßig feststellen. Immer öfter geraten inzwischen auch die Anti-Mafia-Kämpferinnen ins Visier der Bosse. Sie werden eingeschüchtert, desavouiert und mit dem Tod bedroht. Doch trotz aller Gefahren steigt die Zahl der Aussteigerinnen, die die Fronten wechseln, konstant.

Die Frauen, die ich kennenlernen durfte, zeichnen sich durch große Stärke aus. Sie zu Interviews zu überreden, war hingegen nicht immer ganz einfach. Sie tun ihre Arbeit lieber ruhig im Hintergrund. Keine Einzige sieht sich selbst als Heldin oder als besonders couragiert.

Tatsächlich bekämpfen sie jedoch Organisationen, die wie die 'Ndrangheta zu den gefährlichsten der Welt gehören. Diese kriminellen Netzwerke ziehen sich inzwischen rund um den Globus und betreffen damit auch Österreich, Deutschland und die Schweiz. Dass die Mafien schon lange nicht mehr nur auf Italien beschränkt sind, zeigen auch Verbindungen der Clans zu ausländischen kriminellen Gruppierungen wie den nigerianischen Cults.

In allen Fällen gilt: Wenn Frauen auspacken, tragen sie mit Erfolg zur Bekämpfung der kriminellen Organisationen bei.

Ich bin einfach nur eine Frau aus dem Volk.

Die Kronzeugin

PIERA AIELLO

Bei den italienischen Parlamentswahlen am 4. März 2018 fuhr die Fünf-Sterne-Bewegung einen unerwarteten Triumph ein. Mit knapp 33 Prozent der Stimmen wurde die laut Eigendefinition postideologische Gruppierung Italiens mit Abstand stärkste Einzelpartei. Besonders fulminant war der Erfolg im Süden des Landes. 227 der insgesamt 630 Sitze im Abgeordnetenhaus gingen an die Fünf Sterne. Viele der neuen, sehr unterschiedlichen Parlamentarier zogen zum ersten Mal in den imposanten Palazzo Montecitorio ein. Für jeden und jede wurde eine Kurzbiografie samt Foto auf die Parlamentswebsite gestellt. Doch bei einem Namen fehlte das Bild. Piera Aiello aus dem sizilianischen Wahlkreis Trapani blieb auch auf dem Parlamentsausweis ohne Gesicht.

Als die Sizilianerin vor mehr als einem Vierteljahrhundert beschloss, gegen die Cosa Nostra auszusagen, bedeutete dies das Ende ihres bisherigen Lebens. Fortan sollte sie versteckt, ausgestattet mit einer neuen Identität und unter Polizeischutz leben.

Jetzt ist Piera Aiello die erste Kronzeugin in der Geschichte Italiens, die ins Parlament gewählt worden ist. 51 Prozent der Stimmen konnte sie auf ihr Konto verbuchen. Und das, obwohl sie sich im Wahlkampf aus Sicherheitsgründen vor TV-Kameras und Fotografen nicht zeigen konnte. Doch die »unsichtbare

Kandidatin«, das »Gespenst«, wie sie auch genannt wurde, ließ alle anderen Mitstreiter verblassen. Die Frau, die sich zu Beginn sogar im Parlament nur mit einem Schleier vor dem Gesicht zeigen konnte, erfährt in ihrer Heimat eine späte Anerkennung, die sie »tief berührt«.

»Das Leben mit einer falschen Identität war hart«, sagt Piera Aiello ohne Umschweife, da gebe es nichts zu beschönigen. Sie lächelt, während sie lebhaft erzählt, doch ihre Augen bleiben ernst.

Die Aufmerksamkeit, die ihr die Wahl ins Parlament eingebracht hat, war ihr anfangs sehr unangenehm. Es dauerte Wochen, bis sie lernte, mit ihrer neuen Rolle als gewählte Volksvertreterin umzugehen. Die 51-Jährige überlegte zu Beginn sogar, jemanden zu beauftragen, der ihre Reden im Abgeordnetenhaus vorlesen sollte. Doch dann verwarf sie diese Idee als Verrat an ihrer Wählerschaft.

»Ich war 27 Jahre lang verschwunden. Mir war klar, früher oder später muss ich aus dieser Geschichte herauskommen. Und ich wusste auch, dass ich meine Ängste überwinden muss. So habe ich dann bei einer Gedenkfeier für Mafiaopfer im Mai 2018 im sizilianischen Ort Valderice mein Kopftuch abgenommen und mich erstmals der Öffentlichkeit gezeigt.« Völlig nackt und ohne jeglichen Schutz habe sie sich vor all den Menschen gefühlt. Es sei ein Kraftakt gewesen, der ihr großes Herzklopfen verursacht habe.

Während sie davon erzählt, spürt man, wie schwer ihr die Entscheidung gefallen ist. Die Vorstellung, ab nun würden Fotos von ihr im Umlauf sein, verursachte ihr regelrecht körperliches Unbehagen. »Stellen Sie sich vor, ich habe keine Fotos. Nicht einmal mit meinen Kindern. Keine Selfies. Nichts. Ich war zwar immer noch derselbe Mensch, aber dass man jetzt nicht nur meine Ideen und Überzeugungen wahrnehmen sollte, sondern auch meine Körperlichkeit, das war eine große Herausforderung für mich.«

Pieras Leben sollte sich wieder einmal radikal ändern.

Eine Familie zwischen Exil und Heimat

Die Beschäftigung mit der Mafia war der im Sommer 1967 in Partanna geborenen Tochter eines Maurers und einer Schneiderin nicht in die Wiege gelegt. Im Gegenteil. Die Familien ihrer Eltern hatten versucht, dem organisierten Verbrechen wie auch der grassierenden Armut auf ihrer Insel durch Auswanderung zu entkommen. Elf Jahre vor ihrer Geburt hatte Pieras Vater Giuseppe als 17-Jähriger seinen Heimatort auf Sizilien verlassen. Begleitet wurde er aufgrund seiner Minderjährigkeit von der Mutter. Der Vater war zu krank, um einen Neubeginn in Südamerika auf sich nehmen zu können.

So gingen Mutter und Sohn in Venezuela an Land. Die erste Zeit arbeiteten beide nur, um die Schulden begleichen zu können, die durch die Überfahrt auf dem Schiff entstanden waren. Dann hieß es, so viel Geld wie möglich nach Hause zu schicken. Den Vater sollte Giuseppe nie mehr wiedersehen. Erst ein Jahr nach dessen Tod kam der junge Mann nach Sizilien zurück. Der gelernte Maurer errichtete ihm ein würdiges Grab und beschloss, in seinem Heimatort zu bleiben.

Das Haus der Aiello befindet sich gegenüber jenem der Familie von Pieras Mutter, Anna. Auch deren Eltern hatten Sizilien verlassen, um der drückenden Armut zu entgehen. Ihr Ziel war die Schweiz, wo der Vater seinen Lebensunterhalt als Fabrikarbeiter verdienen konnte. Anna verbringt dort einen

Großteil ihrer Kindheit und Jugend, bevor sie mit 18 Jahren nach Partanna zurückkehrt.

Die Begegnung ihrer Eltern? »Es war Liebe auf den ersten Blick«, sagt Piera auch heute noch gerührt. Neun Monate nach der Hochzeit erblickt sie das Licht der Welt.

Nur ein halbes Jahr später wird auch die junge Familie auf eine harte Probe gestellt. Ein verheerendes Erdbeben erschüttert den Westen Siziliens. 370 Menschen werden getötet. Fast einhunderttausend verlieren ihr Hab und Gut. Die schleppenden Rettungsmaßnahmen zeigen auch die Rückständigkeit in den Dörfern auf, die großteils zerstört worden sind. Die Bevölkerung, die schon vor den heftigen Erdstößen in prekären Umständen lebte, ist verzweifelt und leidet sogar Hunger. Auch Partanna ist schwer getroffen.

Pieras Vater ist nun wieder arbeitslos und die Existenz der Familie wieder in Gefahr, aber er lässt sich nicht entmutigen. Giuseppe nimmt seine Frau und die erst sechs Monate alte Tochter und geht in jenes Land zurück, das ihm einen kleinen sozialen Aufstieg ermöglicht hat: nach Venezuela. Diesmal wird er ein halbes Jahrzehnt bleiben. So lange, bis die sehnsüchtig erwartete Nachricht endlich eintrifft: In Partanna geht es langsam aufwärts. Da packt die Familie erneut ihre Koffer und verlässt die Stadt La Victoria. Diesmal jedoch für immer. Piera ist fünf Jahre alt, als sie nach Sizilien zurückkehrt.

Verheiratet mit einem Mafiaspross

Sie wächst zur jungen Frau heran. Doch der Traum vom schönsten Tag des Lebens wird für Piera Aiello zum Albtraum. Das Kleid ist zwar weiß und lang, so wie in Katalogen und

Jungmädchenträumen vorgesehen, ihr Bräutigam ist der Sohn einer respektierten, wohlhabenden Familie und die Sonne scheint prächtig vom Himmel. Doch ihr Gemütszustand ist schwarz. Dunkle Ahnungen lasten schwer auf ihrer Seele. Die 18-jährige Piera geht die Ehe nicht freiwillig ein. Sie liebt ihren Verlobten nicht und hat mehrfach versucht, ihn zu verlassen. Doch ihr zukünftiger Schwiegervater hat sie gezwungen, den Hochzeitstermin nicht platzen zu lassen.

»Nachdem ich meinem Verlobten erklärt hatte, dass ich mich von ihm trennen wollte, kam Don Vito Atria selbst zu mir. Er drohte mir. Er machte mir klar, er würde sich an meiner Familie rächen, sie vielleicht sogar töten, falls ich der Heirat mit seinem Sohn Nicola nicht zustimme.«

Als Piera und Nicola einander erstmals begegnen, sind beide blutjung. »Ich war erst 14 Jahre alt und er war drei Jahre älter als ich.« Nicola Atria wirbt intensiv um das aufgeweckte Mädchen, doch Piera gibt sich zurückhaltend. Trotzdem bleiben die Konsequenzen für sie nicht aus. Als ihre Eltern von ihrer Bekanntschaft erfahren, wird sie – ganz den damaligen Traditionen entsprechend – auf Schritt und Tritt überwacht. Ein sizilianisches Mädchen ihrer Herkunft darf nicht einfach ausgehen und Freundschaften pflegen, wird ihr von ihrem geliebten Vater eingeschärft. Piera gilt bereits als »versprochen« und ihre Bewegungsmöglichkeiten werden dadurch drastisch eingeschränkt. Das hat auch schmerzhafte Auswirkungen auf ihre längerfristige Lebensplanung. So darf die an Kunst und Kultur interessierte Schülerin kein weiterführendes Gymnasium besuchen, weil sich dieses in der Nachbarstadt befindet. Die täglichen Busfahrten hätten die engmaschige Kontrolle unmöglich gemacht.

Nur sehr langsam begreift Piera, dass »die Familie Atria anders war als andere«. Sie bemerkt die Unterwürfigkeit der Ortsbewohner, die sich mit »einem *baciamo le mani* an das Familienoberhaupt« wenden. Sie lernt, dass der Handkuss ein Ausdruck des absoluten Gehorsams gegenüber einem Boss und der Name Atria eine Art Türöffner ist. Mit ihm geht alles leichter. Schwierigkeiten scheinen sich in Luft aufzulösen.

Als Piera jedoch eines Tages von Freunden mit dem Vorwurf attackiert wird, sie sei die Braut eines Mafiasprosses, versucht sie, die Verbindung zu beenden. Doch der Boss selbst hatte schon für sie entschieden. Er wollte ein »unbeschriebenes Blatt, ein Mädchen, das nicht aus einer Mafiafamilie stammt«, als Schwiegertochter. »Meinen Eltern sagte ich nichts von den Drohungen. Ich hatte nicht den Mut dazu. Und ich hatte Angst um sie.«

Die Hochzeitsreise führt das frisch getraute Paar nach Spanien, doch die Flitterwochen finden ein jähes Ende. Bereits am Tag nach ihrer Ankunft in Madrid erreicht Nicola ein alles verändernder Anruf. »Don Vito hatte einen Unfall gehabt, wurde ihm mitgeteilt. Wir mussten sofort zurück.«

Erst als Piera wieder zu Hause in Partanna ist, begreift sie die tatsächliche Tragweite des Geschehens. Der Unfall war kein Unfall. Ihr Schwiegervater – der Boss Vito Atria – ist auf einem seiner Felder ermordet worden. Ein Mafiamord, wie sich zeigen wird.

Erst später wird ihr bewusst, dass Sizilien gerade die Ausläufer des »Zweiten Großen Mafiakrieges« erlebt. Viele Hunderte Todesopfer haben diese als *mattanza*, als Zeit des Schlachtens, bezeichneten Jahre gekostet, die letztlich die Vorherrschaft der Corleonesi zementierten. Ein Ende des Mordens war nicht in Sicht.

Jetzt ist auch Pieras Eltern klar, in welche Familie ihre Tochter eingeheiratet hat. Sie selbst hängt ihr weißes Brautkleid in den Schrank, um sich für die kommenden Monate rigoros in schwarze Trauerkleidung zu hüllen.

Auch nach der Hochzeit erzählt sie ihren Eltern nichts über die Schwierigkeiten in ihrer Ehe. Nichts darüber, dass ihre Schwiegermutter den eigenen Sohn beauftragt hat, den Mord an seinem Vater zu rächen. Nichts darüber, dass Nicola über dem Leichnam Rache geschworen hat. Nichts über die viele Gewalt, die ihr Mann ihr antut und auch nichts über die in ihr wachsende Abscheu.

»Ich habe heimlich die Pille genommen. Denn ich wollte keinen Buben bekommen. Ich wollte kein Kind, das dann in die Fußstapfen dieser Mafiafamilie tritt«, sagt sie heute mit großer Offenheit. Sie habe gelernt, die Dinge beim Namen zu nennen. »Eines Tages hat er die Pille entdeckt und mich fast totgeschlagen. Ab diesem Zeitpunkt hat er mich regelmäßig vergewaltigt. So lange, bis ich schwanger geworden bin. So etwas kann man nicht mehr aus dem Gedächtnis löschen.«

Pieras einziges und großes Glück in jenen Jahren: Sie schenkt einer Tochter das Leben. Das kleine Mädchen gibt ihr Kraft und so beschließt sie, einen lang gehegten Wunsch zu realisieren. Sie beginnt eine Ausbildung als Polizistin. Und da eine Scheidung ausgeschlossen ist, bemüht sie sich auch, ihre Ehe zu retten. Doch die Zeit der Ruhe dauert nur kurz.

Der Versuch ihres Mannes, den Mord an seinem Vater zu rächen, schlägt fehl. Jetzt ist er selbst in Gefahr und mit ihm seine Familie.

Piera und Nicola sind seit einiger Zeit Besitzer einer gut gehenden Pizzeria. Auch am Abend des 24. Juni 1991 sind beide

Als ich mich zur Zusammen-arbeit mit der Justiz entschloss,

wusste ich nicht,
worauf ich mich
einlasse.

PIERA AIELLO

wie gewohnt in ihrem Lokal. Piera steht in der Küche und trifft mit einem Küchenjungen die letzten Vorbereitungen für den Abend. Auch Nicola geht ihr dabei zur Hand. Spätestens in einer Stunde wird das Lokal voller Gäste sein. Plötzlich nimmt Piera ein Geräusch wahr und hebt eher beiläufig den Blick. Was sie sieht, lässt ihr das Blut in den Adern gefrieren. Ein vermummter Mann im Tarnanzug und mit einer abgesägten Flinte in der Hand steht mitten im Raum und zielt auf ihren Mann. Ein zweiter stürmt in die Küche. Piera versucht sich zu wehren, doch alles geht blitzschnell. Nicola bricht vor ihren Augen unter den Schüssen zusammen. Überall in der Küche ist Blut. Die beiden Täter stürmen aus der Pizzeria und fahren mit quietschenden Reifen davon.

Wie in Trance habe sie all das erlebt und dabei an ihre kleine Tochter gedacht. Wie ein Film sei es gewesen, in den sie durch Versehen hineingeraten sei und aus dem es scheinbar kein Entrinnen gab.

Als Piera ihre Schwiegermutter verständigt, benützt sie die inzwischen verinnerlichte Formel der Mafiafamilien: Nicola hat einen Unfall gehabt, sagt sie. Doch dann spürt sie plötzlich, dass sich etwas ändern muss und dass nur sie selbst diese Änderung herbeiführen kann. »Als ich in der Leichenhalle stand, in der man meinen Mann für die Autopsie aufbewahrte, ist meine Schwiegermutter gekommen. In der Hand hatte sie ein schwarzes Kopftuch, das sie mir aufsetzen wollte. Da habe ich mich aufgelehnt. Ich habe ihr gesagt, ich bin keine Mafiawitwe. Ich bin keine dieser Frauen, die alles genau wissen und sich trotzdem nicht auflehnen.«

Piera weigert sich. Sie wird das Kopftuch nicht aufsetzen. Sie wird diese Mechanismen durchbrechen. »Das schwarze

Kopftuch war für mich ein Zeichen der Unterdrückung und der Unterjochung der sizilianischen Frau. Und so habe ich beschlossen, alles, was ich wusste, anzuzeigen.«

Der Weg in den Zeugenstand

Piera hatte in all den vorhergehenden Jahren Tagebuch geführt. »Nicht für die Polizei«, wie sie sagt, »sondern für mich selbst.« Das Schreiben hatte eine Art therapeutische Wirkung auf sie und die Reflexion über das täglich Erlebte und Gehörte machte dessen Verarbeitung etwas leichter. Immer wieder hatte Nicola seiner Frau Geheimnisse aus der Welt der Mafia anvertraut. Schwarz auf weiß dokumentierte sie heimlich seine Schilderungen. So, als hätte sie geahnt, dass all diese Seiten eines Tages zu ihren besten Verbündeten würden. Doch Piera hat jetzt noch einen Trumpf in der Hand: Sie hat die Mörder ihres Mannes erkannt. Sie weiß, dass das ihren Tod bedeuten kann. Sie spürt aber auch, dass diese Kombination das Tor zu einer neuen Freiheit werden könnte.

»Es war keine bewusste Entscheidung«, sagt sie heute. »Aber ich hatte Mörder frei herumlaufen sehen, die unschuldige Familienväter getötet hatten. Jetzt war Nicola tot. Da hat sich in meinem Inneren eine Art Licht entzündet – wie eine Art Leuchtturm –, das mir den Weg wies.«

Piera weiß nun, sie muss sich der Justiz anvertrauen. Kurz nach dem dritten Geburtstag ihrer Tochter schleicht sie heimlich aus dem Haus. Gebetsmühlenartig wiederholt sie innerlich die Worte ihrer Großmutter väterlicherseits, der einzigen Person, der sie sich anvertraut hat. »Hab keine Angst. Wer die Wahrheit sagt, muss nichts befürchten. Hab Vertrauen.«

Piera hat eine Verabredung mit einem Polizisten, der sie in eine weiter entfernte Kaserne der Carabinieri bringen soll. Niemand darf wissen, dass sie mit der Polizei in Kontakt ist. Doch auch die Polizisten selbst sind skeptisch. Keine Frau in der Region hat bisher jemals gegen die Cosa Nostra ausgesagt. »Ich konnte aber nicht mehr schweigen. Mein Heimatort war ein Ort der Witwen und Waisen geworden. Über 20 Jahre lang hat es eine blutige Fehde im Belice-Tal gegeben. Und damit auch bei uns in Partanna.«

Partanna ist eine Kleinstadt mit rund 10.000 Einwohnern, in deren Zentrum ein gut erhaltenes, arabisch-normannisches Kastell liegt. Von dort hat man einen spektakulären Ausblick auf die sanften Hügel des Belice-Tals. Doch der Ort liegt abseits von Touristenpfaden und die Bewohner leben auch heute noch in erster Linie von der Landwirtschaft. Bis in die 1980er Jahre waren es vor allem Bauern und Hirten, die im kleinen Städtchen das Sagen hatten. Auch die Strukturen der Mafia waren ländlich und vergangenheitsbezogen. Doch dann kam es zu einem Generationenwechsel und damit taten sich neue Geschäftsfelder und scheinbar unversiegbare Geldquellen auf. »Es ging um Drogen und um den Handel mit Drogen, der riesige Gewinne einbrachte. Die alten Mafiosi waren aber gegen diese Art von Geschäft. Es war daher ein harter Kampf, denn es ging auch um die Frage, wer die Herrschaft über das ganze Gebiet übernimmt.«

Diese Kämpfe, erinnert sie sich auch heute noch mit Grauen, wurden meist mit der Waffe ausgetragen. »Oft gab es sogar mitten am helllichten Tag Schießereien. Dabei wurden unschuldige Menschen erschossen oder verletzt. Es war wie im Wilden Westen.«

In der Kaserne wird Piera einem ihr unbekannten Mann vorgestellt. Er wird ab nun ihr wichtigster Ansprechpartner sein. Es ist einer jener beiden Richter, deren tragisches Schicksal Italien bis heute prägt. »Ich bin Paolo Borsellino«, sagt er und reicht der jungen Frau die Hand. »Für deine Aussagen riskierst du dein Leben, deswegen wirst du von hier wegmüssen.«

Am 30. Juli 1991 verlässt Piera mit ihrer kleinen Tochter und einigen wenigen Habseligkeiten wie Kleidung und Spielzeug die Insel. Anti-Mafia-Staatsanwalt Paolo Borsellino rät ihr lächelnd, »Sizilien aus ihrer persönlichen Landkarte zu streichen«. Wenige Stunden später befinden sich Mutter und Kind in Rom an einem sicheren Ort. Die stundenlangen Aussagen der vergangenen Tage haben Piera geschwächt, die neue Situation verunsichert sie und sie realisiert, dass sie wieder in einer Art Gefängnis lebt. In den kommenden Jahren werden die sie beschützenden Carabinieri ihre »Familie« werden. Frei bewegen kann sie sich nicht.

Rita

Vier Monate nach der Ermordung Nicolas trifft Pieras Schwägerin Rita in Rom ein. Als sie Rita kennenlernte, war die Schwester ihres zukünftigen Mannes erst sieben Jahre alt. Jetzt hat »die Kleine« beschlossen, in Pieras Fußstapfen zu treten. Auch sie will mit der Justiz zusammenarbeiten und unter Polizeischutz leben. »Wir waren nicht einfach Schwägerinnen, wir waren Freundinnen. Wir haben einander alles anvertraut.«

Rita war elf Jahre alt, als ihr Vater Vito erschossen wurde. Nun hat sie auch den Bruder verloren und ihre Schwägerin ist de facto verschwunden. So vertraut sich die 17-Jährige ebenfalls Staatsanwalt Paolo Borsellino an. Sie hat wie Piera lange Zeit ein

Tagebuch geführt, das sie *Zio Paolo*, also Onkel Paul, wie sie ihn später nennen wird, übergeben will. Er wird für Rita zur zentralen Figur in ihrem Leben als Kronzeugin.

Der persönliche Preis für diesen mutigen Schritt ist hoch. Das ohnehin schwierige Verhältnis zur Mutter endet mit einem völligen Bruch der Beziehung. Rita wird von ihr verstoßen. Die eigene Mutter sagt sich von ihr los und ist sogar bereit, die »abtrünnige Tochter« – ihr jüngstes Kind – umbringen zu lassen. Doch Rita lässt sich, genau wie Piera, nicht beirren. Sie will nicht nur Vater und Bruder rächen, sie will ein ganzes System aufdecken. Beide Frauen legen schonungslos alles auf den Tisch und geben Namen, Fakten und Zusammenhänge preis.

»Ich möchte nicht in Details gehen, selbst wenn viel Zeit vergangen ist und die Prozesse abgeschlossen sind«, sagt Piera Aiello, »aber es ging um sehr schwerwiegende Verbrechen. Es ging um Drogen- und Waffenhandel. Und vor allem ging es um die mafiösen Verflechtungen in der Gesellschaft.«

Dank ihrer Aussagen erhalten die Ermittler erstmals Einblick in den blutigen Mafiakrieg in Partanna, der rund 30 Todesopfer gefordert hat. Mehrere Mafiosi landen hinter Gittern. Doch vor allem kann die Justiz nun Verstrickungen zwischen der Cosa Nostra und der Politik nachverfolgen. Ein Grundproblem, das das Land bis heute beschäftigt.

Am 23. Mai 1992 erschüttert ein Attentat ganz Italien. Der Mafiajäger Giovanni Falcone wird mit seiner Frau und drei Leibwächtern ermordet. Ein auf der Autobahn deponierter Sprengsatz von 500 Kilo TNT reißt einen riesigen Krater in die Fahrbahn. Die Detonation ist weit über Palermo hinaus zu spüren und wird im ersten Augenblick als Erdbeben interpretiert.

Knapp zwei Monate später rüttelt eine weitere Explosion das ganze Land auf. Falcones Freund und Mitstreiter Paolo Borsellino wird vor dem Haus seiner Mutter in die Luft gesprengt. Eine in einem Auto versteckte Bombe reißt weitere fünf Menschen in den Tod. Unter ihnen ist auch Emanuela Loi, die erste und bisher einzige Leibwächterin, die einem Mafiaanschlag zum Opfer gefallen ist.

Der Tod der beiden Juristen bedeutet einen schweren Schlag für den Kampf gegen die Mafia, aber auch für Piera und Rita persönlich. Ihre wichtigste Bezugsperson, die einzige, der sie wirklich vertrauten und die sie schützte, ist tot. Rita fällt in eine tiefe Depression. Nur eine Woche nach der Ermordung von *Zio Paolo* springt die junge Frau, die gerade aus Sicherheitsgründen in Rom eine neue Wohnung bezogen hat, in den Tod. Sie wirft sich vom siebten Stock eines Gebäudes in die Tiefe. Wenige Tage später wäre Rita 18 Jahre alt geworden.

Die Nachricht von ihrem Tod wird von den Insassen im Gefängnis von Trapani mit einem langen Applaus aufgenommen. Nach dem Begräbnis wird Ritas Mutter mit einem Hammer das Foto auf dem Grabstein ihrer Tochter zerschlagen und dafür verurteilt werden. Das Band der Mafia erweist sich einmal mehr als stärker als das der Liebe zur eigenen Familie.

Piera selbst kann nicht am Begräbnis teilnehmen. »Aus Sicherheitsgründen«, wie man ihr erklärt. Für sie beginnen nun lange, schwierige und teilweise sehr einsame Jahre, eine Erfahrung, die sie heute in ihre Arbeit als Parlamentarierin einfließen lässt. »Als ich mich zur Zusammenarbeit mit der Justiz entschloss«, sagt sie, »wusste ich gar nicht, was eine Kronzeugin eigentlich ist und worauf ich mich einlassen würde.« Erst später lernt sie, dass es auch Justizkollaborateure gibt, sogenannte reuige

Mafiosi, die ebenfalls im Zeugenschutzprogramm und daher mit einer falschen Identität leben.

Das prekäre Leben als Kronzeugin

Schon bald beginnt sie sich aus dem Untergrund heraus zu engagieren und wird Teil des *Nationalen Verbandes der Kronzeugen*. »Mit einer Gruppe von ihnen regte ich zwei Gesetze an, die auch angenommen wurden. Kronzeugen wurde damit endlich die Möglichkeit gegeben, zu arbeiten. Wir waren ja gezwungen, 24 Stunden am Tag zu Hause zu sein. Sich sein Brot ehrlich verdienen zu können, ist aber eine Frage der Würde. Wir hatten ja alles verloren. 2001 konnte ich außerdem dazu beitragen, dass der Gesetzgeber zwischen Kronzeugen und Justizkollaborateuren unterscheidet.« Unterstützt wurde sie bei diesen Bemühungen auch von Paolo Borsellinos Schwester, die ebenfalls Rita heißt.

Heute ist Piera Aiello Mitglied der Parlamentarischen Anti-Mafia-Kommission sowie der Justizkommission. In dieser Funktion macht sie sich vor allem für die Kinder von Zeugen stark, die ebenfalls im Untergrund leben. »Man muss sich um die Familien kümmern«, fordert sie vehement. »Nicht nur um die Kronzeugen und Justizkollaborateure. Kinder müssen oft auf eine höhere Ausbildung verzichten, da die finanziellen Möglichkeiten während des Schutzprogrammes nicht gegeben sind.« So werden sie ein zweites Mal Opfer ihrer Lebensumstände, auf die sie selbst keinen Einfluss haben.

Piera Aiello lässt die Jahre Revue passieren. Vieles gehört geändert, ist sie überzeugt. »Man bringt mit seinen Aussagen die Schuldigen hinter Gitter, aber man lebt selbst wie im Gefängnis.« Die ständigen Wohnungswechsel sowie die permanente Gefahr, gefunden zu werden, zermürben. Einmal, erinnert sie sich, wurde ihr Aufenthaltsort durch die Unachtsamkeit eines Sicherheitsbeamten verraten. Die Angst steckt ihr heute noch in den Knochen.

Dieses prekäre Leben hat auch das Verhältnis zu ihrer Tochter getrübt. Erst seit einigen Jahren hat sich die Beziehung entspannt, sagt sie glücklich. »Seit meine Tochter selbst Mutter ist, kann sie die Schwierigkeiten verstehen, mit denen ich zu kämpfen hatte.«

Und warum hat sie sich der Fünf-Sterne-Bewegung angeschlossen?, möchte ich von ihr wissen. »Weil es unter ihnen keine Politiker gibt, gegen die ermittelt wird. Anders als oft in anderen Parteien.« Transparenz, Rechtsstaatlichkeit und soziales Engagement sind ihre Eckpfeiler. Als *onorevole*, als Frau Abgeordnete, will sie übrigens nicht angesprochen werden. »Ich sehe mich gar nicht als Politikerin«, sagt sie lächelnd, »ich bin einfach nur eine Frau aus dem Volk.«

Und als solche setzt sie sich intensiv für die Abschaffung der in Italien üblichen Leibrente für Politiker ein. »Warum muss ein Abgeordneter oder ein Senator eine riesige Pension bekommen? Während ein Maurer wie mein Vater, der jahrzehntelang hart geschuftet hat, nur einen Bruchteil erhält?«

Piera Aiello weiß, wovon sie spricht. Als Kronzeugin hatte sie drei Jahre vergeblich versucht, einen Job zu bekommen. Dann ging sie als Landarbeiterin aufs Feld und hat Tomaten, Orangen und Oliven geerntet. »Das bedeutete, um 3 Uhr aufzustehen und sich Wind und Wetter auszusetzen.« Politiker hätten ein sehr privilegiertes Leben, ist sie daher überzeugt. Dass sie sich damit bei ihren Parlamentskollegen nicht besonders beliebt macht, ist Piera Aiello egal. Der Kampf gegen die Mafia habe sie stark gemacht.

Von der BBC ist Piera Aiello 2019 in die Liste der 100 einflussreichsten Frauen der Welt aufgenommen worden.

» Ich habe mir einfach nichts mehr gefallen lassen. «

Die Mafia-Fotografin

LETIZIA BATTAGLIA

Der Name war ihr gleichsam schicksalhaft in die Wiege gelegt. Darauf hatte sie keinen Einfluss. Doch dann hat sie ihn bewusst ein ganzes langes Leben leidenschaftlich und überzeugt mit Inhalten ausgefüllt.

Battaglia heißt Schlacht und Kampf, und gekämpft hat die heute 85-Jährige an vielen Fronten. Der wohl wichtigste Kampf hat ihr den Beinamen »Mafiafotografin« eingebracht. Ihre beeindruckenden und tiefgründigen Aufnahmen aus der Zeit des »Zweiten Mafiakrieges« sind bis heute rare Dokumente, die einen einzigartigen Blick in die blutgetränkte Welt der Cosa Nostra ermöglichen und das Leben in Sizilien aufzeigen. Es sind Fotos, die oft mehr über das organisierte Verbrechen und dessen krakenartige Verbreitung in der Gesellschaft aussagen als manche Gerichtsakten.

Auf ihre Tätigkeit als »Chronistin der Mafia« will Letizia Battaglia jedoch nicht reduziert werden. »Ich bin keine klassische Mafiaexpertin«, sagt sie mit ihrer charakteristischen rauen Stimme. »Ich habe es mir nicht ausgesucht, diesen Krieg zu fotografieren und zu dokumentieren. Anders als ein Kriegsfotograf, der sich bewusst für einen Schauplatz entscheidet, wollte ich einfach nur meine Arbeit als Fotografin verrichten. Es lag nicht in meiner Absicht, Tragödien zu begleiten. Aber ich befand mich in Palermo.«

An ihr erstes »Mafiafoto« erinnert sie sich, als wäre es soeben geschossen worden. Es war tiefe Nacht und sie befand sich mitten auf dem Schauplatz. Ein Mann lag leblos unter einem Olivenbaum. Es war Letizia Battaglias erste Leiche, der erste Ermordete einer langen Reihe, die ihre Arbeit als Fotoreporterin prägen würden. »Ich stand dort und redete mir ein: Wenn ich nur ein wenig warte, dann beginnt er sich zu bewegen. Ich hatte ja noch nie jemanden gesehen, der tot vor mir auf der Erde liegt. Ich konnte einfach nicht akzeptieren, dass es normal sein sollte, Menschen umzubringen. Und heute kann ich nur sagen: An all diese Gewalt gewöhnt man sich nie!«

Es waren bürgerkriegsähnliche Zustände, die Sizilien in den 1970er und 1980er Jahren im Würgegriff hielten. Der Kampf um die Vorherrschaft zwischen den etablierten Mafiafamilien Palermos und den aufstrebenden Mafiosi aus der Kleinstadt Corleone wurde mit äußerster Brutalität geführt.

Bis zu eintausend Tote soll dieser Konflikt gefordert haben. Die wirkliche Zahl bleibt auch heute noch im Dunkeln. Menschen wurden auf offener Straße erschossen, in militärische Hinterhalte gelockt oder Opfer der sogenannten *lupara bianca*, des »weißen Jagdgewehrs«. Dieses ist in Mafiakreisen ein Synonym für den perfekten Mord. Die Logik dahinter ist so pervers wie einfach: Es gibt kein Blut, weil es keine Leiche gibt. Die Mörder lassen ihre Opfer spurlos verschwinden. Sie mauern die Leichname auf einer der vielen Baustellen der Stadt ein oder lösen sie in Säure auf. So verlieren sich die

Spuren der Ermordeten und mögliche belastende Indizien tauchen erst gar nicht auf. Die Hinterbliebenen können nicht einmal um ihre Familienmitglieder trauern. Was bleibt, sind nie enden wollende Zweifel über das Schicksal ihrer Angehörigen und eine meist stumme Verzweiflung.

Letztlich gingen die Corleonesi aus diesem Krieg als Sieger hervor und etablierten ein neues, noch blutrünstigeres Regime als ihre Rivalen. Darüber hinaus begannen die von den palermitanischen Mafiabossen verächtlich als Bauern bezeichneten Corleonesi unter der harten Hand von Salvatore Riina einen regelrechten Feldzug gegen den Staat. Ihren mörderischen Aktivitäten fielen daher nicht nur Mitglieder verfeindeter Familien zum Opfer, sondern auch zahllose Vertreter der Zivilgesellschaft. Viele berühmte Todesopfer gehen auf ihr Konto: Politiker, Richter, Journalisten und Militärangehörige, wie General Carlo Alberto Dalla Chiesa, der als Polizeichef nach Sizilien geschickt worden war, um den Ausnahmezustand zu beenden. 1982 starb er mit seiner jungen Frau unter dem Kugelhagel eines Todeskommandos auf offener Straße. »Was wir erlebt haben«, sagt Letizia Battaglia, »ist eine kollektive Tragödie.«

Der Hunger nach Freiheit

Das Licht der Welt erblickte Letizia Battaglia am 5. März 1935. Palermos blühende Jahre mit ihren auch außerhalb Siziliens bekannten Jugendstilbauten waren da bereits Vergangenheit. Nun prägte das faschistische Regime nicht nur die Architektur der Stadt, sondern auch den gesamten Alltag der Bevölkerung. Im Zweiten Weltkrieg kam Sizilien, und damit auch seiner Hauptstadt, eine besondere Rolle zu. Hier landeten die alliierten Kräfte im Sommer 1943, um den Nazifaschismus, vom Mittelmeer kommend, zu bekämpfen. Palermo wurde vom US-amerikanischen General George Smith Patton und seinen Truppen besetzt. Dieser *Operation Husky* genannten, größten amphibischen Offensive des Zweiten Weltkrieges waren monatelange schwere Bombardements vorausgegangen. Palermo sollte sich von diesen Schäden jahrzehntelang nicht erholen.

Das Mädchen Letizia erlebte seine Kindheit aber weiter nördlich. Der Vater war aus beruflichen Gründen mit der Familie nach Triest gezogen. Dort war sie glücklich, sagt sie heute. Und glücklich bedeutet für sie, frei zu sein. In Triest habe sie gelernt, was Freiheit bedeute. Sie hatte Freundinnen und Freunde, spielte im Freien, fuhr mit dem Fahrrad durch die Parks und studierte die Natur. All das sollte sich radikal ändern, als die Familie wieder nach Palermo zurückging. Die Gepflogenheiten in Sizilien seien anders, erklärten die Eltern. Mädchen dürften nicht im Freien spielen.

Letizia versuchte sich anzupassen, doch dann veränderte ein Vorfall ihr unbeschwertes Leben für immer. Zehn Jahre war sie damals alt und auch heute erinnert sie sich noch genau an jenen fernen Tag. Ein unbekannter Mann hatte sie belästigt. »Er hatte sich vor mir entblößt. Danach hat mich mein Vater zu Hause eingeschlossen.«

Diese Erfahrung wird für sie ein Wendepunkt in ihrem Leben. Ein Schlüsselerlebnis, das die Entwicklung des aufgeweckten und sensiblen Mädchens nachhaltig prägt. »Ich war ein unschuldiges Kind und habe gar nicht verstanden, was da vorgefallen war. Ich hatte mich aber sehr erschrocken und alles meinen Eltern erzählt. In der Folge haben sie jedoch mehr Schaden angerichtet als dieser Mann. Denn sie haben mich meiner Freiheit beraubt. Und das hat mein ganzes Leben bestimmt.«

Letizia Battaglia rebelliert wie viele andere ihres Alters und ihrer Herkunft: Sie tritt noch ganz jung die Flucht nach vorne an und vertauscht den Käfig des Elternhauses mit dem einer Ehe. »Schuld daran war mein großer Hunger nach Freiheit. Ich habe geheiratet, um mich von meinem Vater zu befreien. Das war natürlich eine Dummheit.«

16 Jahre ist Letizia erst alt, als sie vor den Traualtar tritt. Ihr um einiges älterer Mann wird ihr nicht den Freiraum gewähren, den sie sich erhofft hat. Der reiche Erbe einer Unternehmerfamilie erweist sich als nicht weniger autoritär und besitzergreifend als ihr Vater. Er erstickt ihre Wünsche nach einer möglichen Weiterbildung im Keim. Letizia darf weder studieren noch arbeiten. Die Vorstellungen der Eheleute von der Rolle einer Ehefrau liegen weit auseinander und erweisen sich auch nach 20 Jahren des Zusammenlebens noch als unvereinbar. Während ihrem Mann eine traditionelle Hausfrau und Mutter vorschwebt, droht sie selbst an diesem Modell zu ersticken.

Aus der Ehe gehen drei Töchter hervor, auf die sie sehr stolz ist. Die ihr aufgezwungene Rolle einer sizilianischen Gattin macht Letizia jedoch krank. Psychisch und physisch. Nach einem Nervenzusammenbruch und einer längeren Psychoanalyse nimmt Letizia Battaglia ihr Leben selbst in die Hand. Sie trennt sich von ihrem Mann. Die drei Kinder nimmt sie mit.

1971, kurz nachdem in Italien die Scheidung möglich geworden ist, wird die Ehe geschieden. Die 36-jährige Letizia

Battaglia verlässt zum zweiten Mal ihre Insel und geht nach Mailand.

In der pulsierenden lombardischen Hauptstadt beginnt sie ganz von vorne. Sie schreibt Artikel, die sie verschiedenen Zeitungen anbietet. Von Mailand aus sucht sie auch die Zusammenarbeit mit der sizilianischen Tageszeitung *L'Ora*. Das im Jahr 1900 von der Industriellenfamilie Florio gegründete Blatt zählte nach dem Zweiten Weltkrieg zu den linken Medien des Landes und widmete sich verstärkt dem investigativen Journalismus. *L'Ora* war auch die einzige Zeitung, die es wagte, detaillierte Berichte über die Mafia zu veröffentlichen. Doch in Mailand geht es Letizia Battaglia um andere Themen. Hier in der Wirtschafts- und Designmetropole des Landes kommt sie mit einer für sie neuen Welt in Berührung: Sie lernt Künstler und Intellektuelle kennen und arbeitet nun als freischaffende Kulturkorrespondentin. In dieser Zeit begegnet sie auch einem 18 Jahre jüngeren Mann. Sie verlieben sich und er wird viele Jahre ihr Arbeits- und Lebenspartner sein.

Franco Zecchin, der sich mit Kernphysik beschäftigt, geht bald darauf mit ihr nach Sizilien. In Palermo schlägt nun für beide die Stunde der professionellen Fotografie. »Ich habe 1974 nach meiner Rückkehr aus Mailand bei der Zeitung *L'Ora* begonnen. Da war gerade wieder der Mafiakrieg zwischen Corleone und Palermo ausgebrochen.«

Immer öfter wird Letizia Battaglia nach Bildern zu ihren Geschichten gefragt. Bilder, die sie zu diesem Zeitpunkt nicht liefern kann. So nähert sie sich mit fast 40 Jahren der Fotografie an und entdeckt das Foto als ideale Ausdrucksform, um all das Grauen und Leid, das sie miterlebt, auch abseits von Worten vermitteln zu können.

Letizia Battaglia wird so die erste Fotoreporterin einer Tageszeitung in Sizilien. »Die Arbeit für ein täglich erscheinendes Blatt ist ganz anders als die für eine Monatszeitschrift«, sagt die Autodidaktin, als sie an ihre Anfangsschwierigkeiten zurückdenkt. »Für das Tagesgeschäft arbeiten heißt, im Moment agieren, denn sonst ist die Gelegenheit vorbei.«

Am Tatort

Eines ihrer wohl bekanntesten Fotos ist genau so entstanden: aus der Intuition heraus und spontan. Wenn Letizia Battaglia davon erzählt, spürt man, wie sie selbst tief in die Geschichte eintaucht. »Es geschah am 6. Januar 1980«, beginnt sie. »Es war ein wunderschöner Sonntag und noch dazu der Dreikönigstag, der in Italien ja sehr gefeiert wird. Franco und ich waren mit meiner Tochter Patrizia in einen Park gegangen. Dort haben wir, wie so oft, in der Bar geplaudert und uns über unsere Projekte ausgetauscht. Wir waren alle sehr entspannt und sind einige Zeit später zu unserem Auto zurückgegangen.« Die drei steigen in fröhlicher Stimmung in ihren Fiat 600, um zum Mittagessen nach Hause zu fahren. Kurz darauf nehmen sie in der eleganten Via della Libertà am Straßenrand ein Auto wahr, um das sich einige Menschen drängen. »Es waren ungefähr sechs, sieben Personen. Im ersten Augenblick dachten wir, da hat jemand einen Autounfall gehabt, und wollten einfach weiterfahren.« Doch irgendetwas kommt ihnen sonderbar vor. Sie halten an und greifen zu ihren Fotoapparaten. »Vor unseren Augen hat sich eine dramatische Szene abgespielt. Eine Frau weinte, eine andere schrie und im Auto selbst lag ein lebloser Mann. Ein zweiter Mann versuchte

Wir haben die Aufgabe, bis zum Schluss zu kämpfen,

um so das Beste für die Gesellschaft zu erreichen.

LETIZIA BATTAGLIA

ihn aus dem Inneren des Wagens zu ziehen.« Wie automatisch schießt Letizia Battaglia »einige verwackelte Fotos« und friert damit diese aufwühlenden Momente für immer ein.

»Ich wusste nicht, wer die Menschen waren. Aber schon kurz darauf erfuhr ich, auf wen hier geschossen worden war: Es war der Präsident der Region Sizilien. Das war ein Riesenschock für uns alle.«

Der 44-jährige Piersanti Mattarella, bekannt für seinen klaren Anti-Mafia-Kurs, stirbt auf dem Weg ins Krankenhaus. Sein Mörder hatte den Zeitpunkt genau kalkuliert. Der christdemokratische Regionalpräsident war im Begriff, mit seiner Familie zur Messe zu fahren. Dabei wollte er möglichst unauffällig sein und hatte seinen Leibwächtern daher freigegeben. Piersanti Mattarella war gerade in sein Fahrzeug eingestiegen, als der Killer an die Fensterscheibe trat und auf den wehrlosen Politiker schoss. Die Kugeln trafen den Regionalpräsidenten in den Kopf, in die Brust und den Bauch. Piersanti Mattarella hatte keine Chance, dieses Attentat zu überleben. Die Cosa Nostra tötete damit einen ihr unbequemen, weil reformfreudigen und kritischen Juristen und Zentrumspolitiker, einen Schüler des ebenfalls ermordeten Ministerpräsidenten Aldo Moro, und traf gleichsam ein Symbol staatlicher Autorität.

Die erste »fremde Person am Tatort« ist Letizia Battaglia. »Wir hatten unfreiwillig eine Sensationsnachricht geliefert. Denn zu diesem Zeitpunkt war außer uns niemand von der Presse vor Ort.« Das bedrückende Foto macht in Windeseile in ganz Italien die Runde.

Dreieinhalb Jahrzehnte später taucht dieser Schnappschuss wieder auf und eine zweite Betrachtungsebene wird deutlich. »Denn der Mann, der den leblosen Piersanti Matta-rella aus dem Auto zieht und ihm Erste Hilfe leistet, ist heute der Präsident der Republik Italien.« Piersantis um sechs Jahre jüngerer Bruder Sergio Mattarella wird 2015 vom Parlament zum Staatspräsidenten gewählt.

Über das Attentat, bei dem auch seine Schwägerin verletzt worden ist, spricht der zurückhaltende frühere Universitäts-professor so gut wie nie. Es ist jedoch ein offenes Geheimnis, dass sein Eintritt in die Politik mit jenem tragischen Dreikö-nigstag zu tun hat. Denn bald darauf schließt sich Sergio Mat-tarella ebenfalls der Democrazia Cristiana an. 1983 wird er erstmals in das Abgeordnetenhaus gewählt. Wie sein Bruder zählt auch er zum linksorientierten Flügel der DC.

»Dieses Foto«, sagt Letizia Battaglia heute, »hat also eine doppelte Bedeutung. Das zeigt mir, dass die Fotografie nicht nur für mich persönlich wichtig ist, sondern für die Gesell-schaft an sich. Sie kann zu ihrem Gedächtnis werden. Wenn ich heute Jugendliche treffe, die von all dem, was damals geschehen ist, keine Ahnung haben, lernen sie Geschichte auch dank meiner Fotografien.«

Letizia Battaglias Weg als Pressefotografin war jedoch mit vielen Steinen und Vorurteilen behaftet. »Die Arbeit in jenen Jahren war ohnehin hart und auch persönlich sehr belastend«, betont sie, wenn ich sie auf ihre internationale Bekanntheit als Starfotografin anspreche, aber für eine Frau, fügt sie dann hinzu, sei das damals noch schwieriger gewesen als für einen Mann. »Anfangs hat mich die Polizei oft vom Tatort verwiesen. Sie ließen mich einfach nicht durch. Aber auch Kollegen oder andere Leute sahen mich mit Unver-ständnis an. Ich wurde wie ein kleines Dummchen behandelt, das mit einem Fotoapparat herumläuft, um sich damit wichtigzumachen.«

Es habe Jahre gedauert, doch dann hatte sie sich den nötigen Respekt gesichert. »Heute anerkennen die Leute in Palermo die Arbeit, die ich gemacht habe, und ich kann sagen, sie lieben mich sogar«, lacht sie und fügt, noch immer kämpferisch, hinzu: »Ich habe mir einfach nichts mehr gefallen lassen.«

Letizia Battaglias Arbeit war kräfteraubend. Die »schnell geschossenen Pressefotos« waren die Frucht großer Anstrengung, zieht die frühere Fotojournalistin heute Bilanz. 19 Jahre – so lange arbeitete sie als Pressefotografin – musste sie ununterbrochen präsent sein. »Tag und Nacht, Sonn- und Feiertage, Karneval inklusive: Es gab keine Verschnaufpausen.«

Letizia Battaglia hörte den Polizeifunk ab, war oft die Erste am Tatort und fotografierte die Opfer der Cosa Nostra und deren Angehörige. Dann ging es in die eigene Dunkelkammer, die Fotos wurden entwickelt und veröffentlicht.

Schon bald war ihr klar: Sie hatte sich, ohne es zu wollen, definitiv dem Kampf gegen die Mafia verschrieben, und als Fotografin tat sie das mit einer unverwechselbaren Handschrift: Sie fotografierte ausschließlich in Schwarz-Weiß. So konnte sie mehr Tiefe und Ausdruck erreichen, ist sie überzeugt, und gleichzeitig jenen respektvollen Abstand wahren sowie die menschliche Anteilnahme garantieren, die ihr bei ihrer Arbeit immer so wichtig gewesen sind. »Technisch war ich nie sehr begabt«, sagt sie auch heute noch, »der Ausschnitt, die Schärfe, das Licht, all das hat mich sehr gefordert. Wenn man dann noch die Emotionen hinzudenkt, die man empfindet, die zitternde Hand angesichts von Tod und Verzweiflung ...«

Fotos: eine Waffe gegen die Mafia

Viele ihrer Bilder zeigen Gewalt und Verbrechen, doch Letizia Battaglia hat auch andere Aspekte ihrer Heimatstadt eingefangen: die oft bittere Armut, die Aussichtslosigkeit vieler Menschen, aber auch archaische Traditionen, die hier länger überlebten als anderswo.

Besonders gerne lichtete sie kleine, zornige Mädchen kurz vor der Pubertät ab. Das sei ein autobiografisches Element, gibt sie unumwunden zu. »Diese Bilder haben etwas mit meiner Kindheit zu tun. Sie spiegeln jene Zeit wider, als ich zehn Jahre alt war und von Unabhängigkeit, Liebe und Schönheit träumte.«

Generell konzentrierte sich Letizia Battaglia bei ihrer Arbeit mehr auf Frauen als auf Männer. Frauen habe sie interessanter gefunden, egal welcher Altersgruppe sie angehören, das hat sie auch in den Vorträgen, die sie in vielen Ländern hält, immer wieder betont.

Eines dieser Frauenporträts zeigt die 22-jährige Witwe Rosaria Costa Schifani. Ihr Mann Vito, nur fünf Jahre älter als sie, gehörte zu den Leibwächtern von Anti-Mafia-Richter Giovanni Falcone und war mit ihm und weiteren drei Menschen 1992 durch ein Sprengstoffattentat zerfetzt worden. Die schüchterne und verzweifelte Rosaria rührte später ganz Italien, als sie während der im Fernsehen übertragenen Trauerfeierlichkeiten totenblass ihre vorbereitete Rede zur Seite legte und einen Appell an die Mafia richtete: »Ich wende mich an euch, Männer der Mafia, die ihr auch hier unter uns seid: Ich vergebe euch. Aber ihr müsst eure Knie beugen, wenn ihr den Mut zu Veränderung habt ... « Dann fügte sie weinend hinzu: »Aber ich weiß schon, dass sie das nicht tun werden. Denn sie wollen sich nicht ändern.«

Einige Wochen später wandte sich ein Journalist an Letizia Battaglia und fragte, ob sie für ein Interview, das er schreibe, ein Foto von Rosaria Schifani machen könne. Die ersten Aufnahmen gefielen ihr nicht. »Sie war eine hübsche Frau, aber das, was ich zeigen wollte, war nicht an die Oberfläche gekommen: ihr großes, stilles, inneres Drama.« So bat sie Rosaria, sich ans Fenster zu stellen, »um das natürliche Licht zu nutzen«, und ersuchte sie dann, »die großen, schönen Augen zu schließen«. Das Ergebnis war ein minimalistisches und extrem ausdrucksstarkes Porträt, das heute zu ihren besten gezählt wird. Eine Schwarz-Weiß-Fotografie, die die persönliche Tragödie der jungen Frau, die mit ihrem Säugling allein zurückblieb, offenbart.

Für das Interview wurde allerdings ein anderes, »banales Foto«, ausgewählt, wundert Letizia Battaglia sich auch jetzt noch. Nach einigem Überlegen hat sie das Porträt daher selbst veröffentlicht.

Anfang des Jahres 2020 kommt Rosaria Costa Schifani erneut unfreiwillig in die Schlagzeilen. Ihr Bruder wird verhaftet. Er soll für die Mafia Schutzgelder eingetrieben haben. In einem Interview mit der italienischen Tageszeitung *Corriere della Sera* sagt die in Norditalien lebende Rosaria, sie sei völlig zerstört. Die Frau, die die Mafia herausgefordert hat, ist vom eigenen Bruder »verraten« worden. Eine weitere Tragödie, meint Letizia Battaglia, eine Tragödie, die zeigt, wie tief die Gräben innerhalb der Familien nach wie vor sind. »Man kann auch heute noch in ein und derselben Familie völlig integre Personen finden, die alles richtig machen, und gleichzeitig andere, die sich dem Bösen verpflichtet haben.«

Sie selbst hatte sich dem Engagement für ihre Stadt verpflichtet, doch 1983 kommt sie an einen toten Punkt. Die Ermordung des Richters Rocco Chinnici löst in ihr eine tiefe Krise aus. Zu viele Leichen haben sich in ihren Kopf eingebrannt und liegen gleichzeitig als Negative in ihrem Archiv. Letizia Battaglia nimmt Abstand von ihrem Fotoapparat und versucht sich anderwärtig für Gerechtigkeit zu engagieren. Sie geht in die Politik. 1985 zieht sie für die Grünen ins Stadtparlament von Palermo ein. Bürgermeister Leoluca Orlando führt in den kommenden Jahren eine Fünf-Parteien-Koalition an. Die Jahre seiner Regierung gelten als »Palermitanischer Frühling«. An den vielen Kampagnen zur Verbesserung der Lebensqualität der Stadt nimmt auch Letizia Battaglia teil.

Sie lässt Bäume pflanzen, öffentliche Räume gestalten, kämpft verbissen gegen den Drogenhandel und ermöglicht erstmals eine erwähnenswerte Kulturförderung. Auch als Politikerin dokumentiert sie Missstände und versucht nah an den Menschen zu sein. Diese Zeit bezeichnet sie später oft als die glücklichste in ihrem Leben. »Es war eine Art Privileg, in den Strukturen der Macht tätig zu sein. Es war eine Art Luxus, sich für sein Land einsetzen zu können und die Mittel dazu zu haben. Ich konnte von dort die Macht der Mafia bekämpfen. So wie ich es auch mit dem Fotoapparat tat.«

Manchmal zeigte sich die Frucht dieses Kampfes erst viele Jahre später. 1993 klagt die Staatsanwaltschaft in Palermo Giulio Andreotti wegen mutmaßlicher Verbindungen zur Mafia an. Der siebenfache Ministerpräsident hat knapp

30 Anträge zur Aufhebung seiner parlamentarischen Immunität abwehren können, doch nun steht er als Angeklagter im Gerichtssaal. Er, das Aushängeschild der Democrazia Cristiana, leugnet beharrlich, jemals Kontakt mit Mitgliedern der Cosa Nostra gehabt zu haben. Eine Begünstigung der Mafia durch ihn habe es niemals gegeben. Da erinnern sich die Ermittler an das umfassende Fotoarchiv von Letizia Battaglia. Sie beginnen zu suchen und werden tatsächlich fündig. Zwei Aufnahmen fallen ihnen in die Hände, eine davon findet das besondere Interesse der Ankläger und wird als Beweismittel im Prozess herangezogen. Das Foto zeigt Giulio Andreotti während einer Wahlkampagne im Juni 1978 in der Empfangshalle des Hotels Zagarella nahe Palermo. An seiner Seite ist der Mafiaboss Nino Salvo zu sehen, der als schwerreicher Unternehmer sowohl die Subventionspolitik der EG für sich nützte als auch seine guten Verbindungen zu den Mächtigen in Rom. Im Gegenzug verschaffte er den Politikern der Democrazia Cristiana Wählerstimmen.

»Ich habe Giulio Andreotti mit diesem Foto große Schwierigkeiten bereitet«, sagt Letizia Battaglia, »denn er wurde dadurch als Lügner entlarvt. Ab diesem Zeitpunkt war klar: Der mehrfache Regierungschef kannte diesen einflussreichen Mafioso.« Sie selbst hatte dem Foto ursprünglich keine besondere Bedeutung zugemessen, da ihr der gut getarnte Mafiaboss Nino Salvo zur Zeit der Aufnahme kein Begriff war. Daher hatte sie das Foto nicht veröffentlicht. Trotzdem legte sie es fein säuberlich ab. Sie steckte es in einen Umschlag und schrieb »Andreotti« darauf. Dann vergaß sie jenen unauffälligen Abend, der 15 Jahre später zum entscheidenden Indiz in den Ermittlungen wurde. Der Prozess gegen Giulio Andreotti zog sich über Jahre hin. Letztlich musste er »wegen Verjährung freigesprochen werden. Aber«, fügt Letizia Battaglia hinzu, »dank dieses Fotos kann er nicht als wunderbarer Politiker in die Geschichtsbücher eingehen. Er war der erste Regierungschef, der Schmutz auf sein Amt geladen und es damit verraten hatte. Er hat die Mafia in Palermo und in Sizilien für sich genützt. Und das ist ganz, ganz schrecklich.«

Das Foto selbst bezeichnet sie als eines ihrer schlechtesten. Es sei unscharf, verwackelt und einfach hässlich. »Aber es war nützlich«, sagt sie. Und darüber sei sie immer noch froh.

Aufgeben? Niemals!

Letizia Battaglia verfügt über ein riesiges Archiv. 600.000 Fotos stammen aus ihrer Zeit als Fotoreporterin für die Tageszeitung *L'Ora*, die 1992 eingestellt worden ist. Heute fotografiert sie nicht mehr. Sie steckt ihre ganze Energie in das von ihr gegründete *Internationale Zentrum für Fotografie*, das 2017 »in einem ehemaligen Industriegebäude« eröffnet worden ist. »Kein reines Museum«, winkt sie ab, das wäre nicht in ihrem Sinn. Und so gibt es neben hochkarätigen Ausstellungen auch Fördermaßnahmen für junge Fotografen aus aller Welt. »Es ist ein Ort der Kultur, an dem man frei denken und kreativ sein kann. Das ist ein ganz wichtiger Teil im Kampf gegen die Mafia.«

Dieser Kampf ist in ihrem Bereich heute viel schwieriger. Der Grund dafür liegt auf der Hand: Die Mafia der

Gegenwart ist nicht mehr fotografisch zu dokumentieren. Sie trägt Krawatte, hat einen Hochschulabschluss, investiert in Kunst und ist in der Finanz zu Hause. »Das hässliche Gesicht der Mafia mit *coppola* (Anm. typische sizilianische Schirmmütze) und *lupara* (Anm. Jagdgewehr) gehört der Vergangenheit an. Ich hatte aber mit dieser Mafia zu tun. Meine Fotos kommen daher ohne begleitende Anmerkungen aus. Sie sprechen allein für sich. Heute hingegen bräuchten wir mindestens zehn Zeilen Text, um zu sagen: Dieses saubere Arschgesicht gehört einem Mafioso.« Das machte das organisierte Verbrechen vielleicht sogar noch gefährlicher, denn es sei teilweise nicht mehr erkennbar. »Aber die Mafia ist präsenter denn je. Sie hat in alle Gesellschaftsschichten Einzug gehalten.«

Eines schmerzt Letizia Battaglia zutiefst, wenn sie die vergangenen Jahrzehnte Revue passieren lässt: Sie kann nicht verstehen, warum es dem Staat nicht gelungen ist, die Mafia zu bezwingen. »Ich könnte heulen«, sagt sie, »denn sie haben uns leiden lassen. Nicht alle Sizilianer sind mafiös. Wir wurden vielmehr unterdrückt und man hat uns nicht geholfen.«

Sie selbst wurde darüber hinaus auch immer wieder an Leib und Leben bedroht. Die Angst war oft so groß, dass sie krank wurde. Aber ans Aufgeben hat sie nie gedacht. Im Namen der Freiheit und der Unabhängigkeit machte sie immer wieder weiter. »Ich bereue nichts«, sagt sie zum Abschluss, »das Leben ist wunderschön und außergewöhnlich. Damit das so bleibt, kämpfe ich weiter. Ich denke, wir haben die Aufgabe, bis zum Schluss zu kämpfen, um so das Beste für die Gesellschaft zu erreichen.«

Für ihren leidenschaftlichen Einsatz und ihr fotografisches Werk ist Letizia Battaglia vielfach geehrt worden. Viele nationale und internationale Preise geben Zeugnis ihres außergewöhnlichen Wirkens.

Je weniger man uns kennt, desto besser für unsere Arbeit.

Die Camorra-Jägerin

NUNZIA BRANCATI

Unser Treffpunkt ist in der Via Medina vor einem jener monumentalen Amtsgebäude aus der Zeit des faschistischen Regimes, die noch in vielen italienischen Städten erhalten sind. Seit 80 Jahren befindet sich hier das Hauptquartier der Polizei von Neapel, der Palazzo della Questura. Vor dem Gebäude herrscht hektisches Treiben, denn die Straße gehört zum historischen Zentrum und liegt nicht weit vom mittelalterlichen Castel Nuovo entfernt, einer der touristischen Hauptattraktionen Neapels.

Nunzia Brancati bittet mich, in das kleine Auto einzusteigen, das mit laufendem Motor bereitsteht. Die Vizepolizeipräsidentin von Neapel, zu deren Arbeitsgebiet die Verfolgung der Camorra gehört, ist in Zivil. Ab nun, sagt sie, gilt vor allem eines: nicht auffallen.

Bei dem von ihr vorgeschlagenen Lokalaugenschein sind wir aber nicht allein. Der Fahrer unseres Fahrzeugs folgt zwei Motorrädern mit je zwei Beamten. Sie sind sogenannte Falken, die dem Mobilen Einsatzkommando angehören und bei ihrer Arbeit ebenfalls keine Uniform tragen. Ihre Aufgabe ist es, als Vorhut die Sicherheit auf unserer Fahrt durch die bereits dunkle Altstadt zu garantieren.

Unser Weg führt über die Via dei Tribunali. Diese Straße war bereits zur Zeit der Griechen, die Neapolis gegründet hatten, die Hauptachse der Stadt. Hier befand sich einst der antike Marktplatz und von hier aus kann man auch heute noch in die Tiefe steigen, um Teile der unterirdischen Stadt zu besichtigen. Ihren Namen verdankt die Via dei Tribunali aber dem Umstand, dass sich bis in die 1990er Jahre hier das Gerichtsgebäude befunden hat. Die Gerichtsstraße ist über einen Kilometer lang und zählt acht Kirchen sowie andere Sehenswürdigkeiten. Aber in erster Linie steht sie für pures neapolitanisches Lebensgefühl. Wir befinden uns im »Bauch von Neapel«, wie die Bewohner des Zentrums nicht ohne Stolz sagen. Hier gibt es die besten Pizzerien und es herrscht Trubel bis spät in die Nacht.

Nunzia Brancati macht mich während unserer Fahrt durch die engen Straßen und Gassen auf die vielen Graffiti aufmerksam, die wir links und rechts auf Augenhöhe sehen. In Farbe gegossene Geschichten, die von all dem erzählen, was für ihre Erschaffer von Bedeutung ist: Liebe, Fußball, Mode und Jugendkultur.

»Schauen Sie«, sagt die Camorra-Jägerin plötzlich, »hier gibt es Anspielungen auf die Camorra. Die Initialen E. S. mit der Zahl 17 – das S ist der siebzehnte Buchstabe im italienischen Alphabet – stehen für Emanuele Sibillo. Wenn wir so etwas entdecken, lassen wir es sofort entfernen.«

Die Baby-Gangs von Neapel

Emanuele Sibillo ist der Grund für unseren Lokalaugenschein an diesem Abend. Der junge Boss wird seit seiner Ermordung von vielen Jugendlichen in Neapels Problemvierteln als Held verehrt. Seine Geschichte hat Schriftsteller und Filmemacher inspiriert – Emanuele Sibillo ist unter anderem die Hauptfigur in Roberto Savianos »Der Clan der Kinder« und im gleichnamigen Film von Claudio Giovannesi.

Nur wenige Minuten später halten wir an. Die »Falken« haben grünes Licht gegeben und wir können aussteigen. »Das ist die Via Oronzio Costa«, erklärt Nunzia Brancati, »doch durch die Bandenkriege der vergangenen Jahre hat sie einen traurigen Beinamen bekommen. Wir befinden uns in der ›Straße des Todes‹.«

Die schmale, gehsteiglose Straße ist, als wir aussteigen, leer. Unsere Ankunft ist sofort bemerkt worden, denn die Augen der Clans sind überall und an jeder Straßenecke haben eigens ernannte Wächter jede Bewegung im Blick. Diese sogenannten *pali* wachen über die Geschäfte der Camorristen. Sie garantieren, dass der Drogenhandel ohne Störung von außen funktionieren kann und warnen vor allem vor einem möglichen Auftauchen der Polizei. »Auch wenn wir jetzt niemanden sehen«, lächelt Nunzia Brancati und deutet auf die geschlossenen Fensterläden, »können Sie sicher sein, dass uns dahinter Dutzende Menschen ganz genau beobachten.«

Die Via Oronzio Costa war jahrelang Schauplatz eines blutigen Konfliktes zwischen verfeindeten Clans. Die Straße galt und gilt als Territorium der Familie Buonerba. Doch gerade diese Vorherrschaft wollte ihnen der gegnerische Clan der Sibillo streitig machen. Regelmäßig fielen daher Gruppen von Jugendlichen in das Viertel ein und verbreiteten Angst und Schrecken. »Die Sibillo kamen oft mehrmals an einem Tag. Sie fuhren auf ihren Motorrädern schwer bewaffnet die Straße auf und ab und feuerten eine große Anzahl von Schüssen auf das Haus des gegnerischen Clans.« Es waren angsteinflößende Blitzangriffe, die den Machtanspruch der Sibillo untermauern sollten. So ein Angriff ohne Rücksicht auf Verluste, erklärt Nunzia Brancati, heißt im Jargon der Camorra *stesa* und ist eine bevorzugte Taktik vor allem junger Bandenmitglieder.

»Die *stesa* ist das wiederholte Abfeuern von Gewehrsalven, aber von auch Schüssen aus Kurzwaffen«, führt die Expertin aus. »Meist handelt es sich dabei um automatische Schusswaffen. Damit werden die Wohnungen der Rivalen, Geschäftsportale, parkende Autos oder auch ganz gezielt die Eingangstüren beschossen.«

Die Sibillo machten die *stesa* zu ihrem Markenzeichen. Manchmal sprangen die jungen Camorristen auch von ihren Motorrädern und drangen auf der Suche nach ihren Rivalen schießend in die Häuser ein. Dann verschwanden sie genauso schnell, wie sie gekommen waren.

Auch in der Nacht zum 2. Juli 2015 tauchte Emanuele Sibillo mit einigen Getreuen überfallsartig in der schon dunklen Straße auf. Doch diesmal war etwas anders als sonst. Diesmal lauerte ihnen die Familie Buonerba auf und empfing die Eindringlinge mit Feuersalven. Einige Jugendliche erlitten Verletzungen. Ihr Boss, Emanuele Sibillo, wurde tödlich in den Rücken getroffen.

Nunzia Brancati zeigt auf ein Haus. »Von diesem Balkon wurden die tödlichen Schüsse abgefeuert.« Es gebe sogar einige Videoaufnahmen, fügt sie hinzu, die zeigen, dass der junge Mann von seinem ebenfalls verletzten Bruder in ein Krankenhaus der Stadt gebracht worden ist. Auf den wenigen Bildern sieht man, wie die wartenden Patienten bei der Ankunft der Bande aus dem Ambulanzbereich fliehen. Für Emanuele Sibillo kam jedoch jede Hilfe zu spät. Der Anführer der *paranza dei bambini*, der Baby-Gang, einer neuen Form der Camorra, war schon tot.

Trotz seines jungen Alters hat Emanuele Sibillo seine kriminelle Gruppe bereits jahrelang fest im Griff gehabt. Schon als Minderjähriger organisiert er die Schutzgeldeintreibungen in seinem Viertel sowie den Handel mit Drogen. Als er im Kugelhagel auf der Straße stirbt, ist Emanuele Sibillo erst 19 Jahre alt. Die meisten seiner Bandenmitglieder sind sogar um einiges jünger. »Seit jener Nacht«, sagt Nunzia Brancati, »ist es hier etwas ruhiger geworden.« Aber diese Ruhe sei relativ, denn die Gewaltdemonstrationen der Clans gehören weiterhin zum Alltag. In einer Ecke liegende Patronenhülsen sind auch an diesem Abend stumme Zeugen der *stesa*, die weiterhin ein fixer Bestandteil camorristischer Machtrituale ist. Dass dabei auch immer wieder unschuldige Menschen getroffen werden, nehmen die jungen Bosse ungerührt in Kauf. »Ihnen geht es nur darum, mit diesen Schießereien die eigene Präsenz zu zementieren. Sie wollen zeigen, dass *sie* die Kontrolle über das Territorium haben und nicht die gegnerische kriminelle Familie.«

Von der Jusstudentin zur Camorra-Jägerin

Die Camorra ist für Nunzia Brancati heute der Mittelpunkt ihrer beruflichen Tätigkeit. Auch für eine Neapolitanerin nicht selbstverständlich, schmunzelt sie. Wäre sie der Familientradition gefolgt, hätte sie wie ihre Eltern und Großeltern für die Staatsbahnen arbeiten müssen. Die 1974 geborene Polizeijuristin interessierte sich als Jugendliche am Gymnasium aber vor allem für Philosophie. »Mein damaliger Professor erweckte außerdem mein Interesse für Rechtsphilosophie und damit für

Rechtswissenschaften generell«, ist sie ihm heute noch dankbar. Eine richtige Wahl, wie sie später feststellte, denn das Jusstudium an der altehrwürdigen, bereits im 13. Jahrhundert gegründeten Università Federico II. machte ihr viel Spaß. Es gab kein Fach, das ihr nicht gefiel, auch wenn ihre große Leidenschaft in erster Linie dem Römischen Recht galt. Ihr Berufswunsch als Studentin war es, Richterin zu werden. Darin sieht sie sich auch ein wenig als Kind ihrer Zeit.

Nunzia Brancati maturierte 1992. Das war nicht nur das Jahr, in dem die beiden Mafiajäger Giovanni Falcone und Paolo Borsellino ermordet wurden, es war auch der Beginn von *Tangentopoli* (auf Deutsch: »Stadt der Schmiergeldzahlungen«) und *Mani pulite* (»Saubere Hände«): Im Februar war in Mailand rund um ein Altenheim ein Bestechungsskandal aufgeflogen. Dessen Leiter, Mario Chiesa, ein führendes Mitglied der Sozialistischen Partei der Stadt, wurde verhaftet. Die Polizei hatte den Politiker in flagranti ertappt, während ihm ein Unternehmer Schmiergeld übergab. Der Geschäftsmann hatte aber zuvor – aus Verzweiflung darüber, für jeden öffentlichen Auftrag im Vorfeld Geld fließen lassen zu müssen – die Behörden informiert. Die Angelegenheit, die im ersten Augenblick auf Mailand beschränkt schien, weitete sich innerhalb weniger Wochen zu einem regelrechten Tsunami aus, bei dem vor allem in der Politik kein Stein auf dem anderen blieb. Mario Chiesas Aussagen, die Schmiergelder seien wie eine Art »Steuer«, mit der so gut wie jede Vergabe öffentlicher Aufträge belastet sei, erschütterten das herrschende System bis in die Grundfesten. Und das nicht nur in der Hauptstadt der Lombardei.

In der Folge zerbrach die historisch gewachsene Parteienlandschaft Italiens. Die Sozialistische Partei verschwand fast zur Gänze und ihr Generalsekretär, Bettino Craxi, flüchtete nach Tunesien, wo ihm sein Freund, Staatspräsident Ben Ali, Exil gewährte. So entging der ehemalige Ministerpräsident einer langjährigen Haftstrafe. Aber auch die Democrazia Cristiana geriet in eine schwere Krise, zerfiel in Splittergruppen und wurde 1994 gänzlich aufgelöst. Stattdessen stiegen neue Formationen am politischen Himmel auf. Die erst 1989 gegründete Lega Nord gewann an Terrain und Silvio Berlusconi mutierte mit seiner Forza Italia vom Medienzar zum Politiker. Analytiker sprachen bald vom Ende der Ersten Republik.

Der leitende Staatsanwalt bei all diesen Ermittlungen war Antonio di Pietro. Er und sein vorwiegend junges Team deckten, ausgehend von den Schmiergeldzahlungen rund um das Altenheim, eine schier endlose Kette illegaler Geldflüsse auf. Keine Partei blieb dabei verschont. Viele Unternehmer und Manager landeten hinter Gittern. Ein riesiges, landesweites Korruptionsnetz mit Verbindungen ins Ausland wurde aufgezeigt. Richter und Staatsanwälte erlangten dadurch eine bis dato in Italien nie dagewesene Popularität. Sie wurden zu Helden der Nation und zu regelrechten Fernsehmythen.

»Ich habe die *Mani-pulite*-Ermittler damals immer im Fernsehen gesehen«, sagt Nunzia Brancati, wenn sie auf jenes Jahr zurückblickt, in dem sie sich für das Studium der Rechtswissenschaften entschied. »Sie waren die Verteidiger der Gerechtigkeit, das hat mich sehr beeindruckt und meine Fantasie beflügelt.« Später, in der täglichen Praxis, habe sie aber gesehen, dass der Alltag anders ist als das, was das Fernsehen damals vermittelt hat, lacht sie. Es gehe vor allem um harte Knochenarbeit.

Als sie mit 23 Jahren promovierte, gab es längere Zeit keine Ausschreibung für Richteramtsanwärter, stattdessen eine für

Juristen in der Polizei. Nunzia Brancati wollte keine Zeit verlieren, nahm daran teil und wurde aufgenommen. Ihren Traum
vom Richterdasein pflegte sie anfangs weiter, doch die Laufbahn
in der Staatspolizei bot viele interessante Möglichkeiten und
Nunzia Brancati nahm sie gerne wahr. So übersiedelte sie in
den Norden und ließ sich in Genua nieder. »Ich bin fast sieben
Jahre geblieben und habe dort für die *polizia postale* gearbeitet.
Das ist jene Polizeieinheit, die sich vor allem mit der Bekämpfung der Internetkriminalität beschäftigt.« Sie sei stolz, diesem
Zweig angehört zu haben, der sich seit Beginn der 1990er Jahre
eine hohe Expertise erarbeitet habe. Dabei gehe es um jede Art
krimineller Handlungen im Web, betont sie. Der Schwerpunkt
liege aber vor allem bei Kinderpornografie und Cybermobbing,
also Belästigungen und Bedrohungen im Netz. Beides Phäno-
mene, die leider nach wie vor topaktuell seien.

2007 kehrte Nunzia Brancati in das Polizeihauptquartier
nach Neapel zurück. Dort beschäftigte sie sich anfangs mit
dem finanziellen Background der verschiedenen Clans der
Stadt, denn das organisierte Verbrechen in der Region Kampanien bringt diesem jährlich einen zweistelligen Milliar-
denbetrag ein. Geld, das auch regelmäßig wieder reinvestiert
wird. »Die Camorra ist sehr anpassungsfähig und reagiert auf
jede wirtschaftliche und soziale Veränderung. Das einzige
Ziel, das sie hat, ist, Geld zu machen. Es geht um Geld, Geld
und wieder Geld.« Anders als die sizilianische Mafia hat die
Camorra mit ihren autonomen und sehr unterschiedlichen
Clans nie auf die totale Konfrontation mit dem Staat gesetzt.
Im Gegenteil: Sie versucht, die Strukturen vor allem dort zu
unterwandern, wo es ihren illegalen Geschäften dienlich ist.
Dazu verbünden sich die alteingesessenen Clans auch mit

kleineren Familien und legen so ein engmaschiges kriminelles Netz über das Territorium.

Im Lauf der Jahre, sagt die Juristin, sei es den Behörden gelungen, zumindest Teile des immensen Vermögens der Clans zu beschlagnahmen. Keine Familie sei von diesen Aktionen verschont geblieben. Um wirklich fündig werden zu können, müssen hochspezialisierte Einheiten vor allem die Hintermänner aufstöbern, meist scheinbar unverdächtige Bürger, die große Geldsummen in den Kreislauf der legalen Wirtschaft einspeisen. Eine schwierige Arbeit, die die Ermittler fast immer mit komplexen Geldwäschemechanismen konfrontiert. Wie viel die kriminellen Machenschaften der neapolitanischen Clans einbringen, lässt ein Blick in die Arbeit der landesweiten *Direzione Investigativa Antimafia* zumindest erahnen. Demnach wurden zwischen 1992 und Ende Dezember 2019 von den Behörden Güter, die auf Camorra-Clans zurückzuführen sind, im Wert von mehr als sieben Milliarden, genauer 7.375.372.962 Euro konfisziert.

Um ihre Erfahrungen im Polizeidienst zu erweitern, wechselt Nunzia Brancati 2011 in einen komplett anderen Bereich. Sie geht zur DIGOS. Das ist jene Abteilung der italienischen Staatspolizei, die auf Terror- und Extremismusbekämpfung spezialisiert ist. »Damals nahmen Straftaten dieser Art sehr zu«, sagt sie, und eine dieser Straftaten, in der sie selbst ermittelte, betraf ein Attentat in Genua. Dort wurde im Mai 2012 der Vorstandsvorsitzende einer italienischen Atomfirma vor seinem Haus angeschossen. Die Täter, die mit ihrem Motorroller unerkannt entkommen konnten, hatten ganz bewusst auf das rechte Bein des Managers gezielt und damit sein Schienbein zertrümmert. Eine Taktik, die bei den Ermittlern Erinnerungen an die Roten Brigaden hervorrief, die in den 1970er Jahren den Nuklear- und

Die Camorra ist wie das Wasser. Sie dringt in die kleinsten

Poren ein, ohne entdeckt zu werden.

NUNZIA BRANCATI

Energiekonzern Ansaldo zu einem ihrer Terrorziele erklärt hatten. Vier Mal schlugen sie zu. Jedes Mal war ihr Opfer ein leitender Angestellter. Das Attentat von 2012 auf den 59-jährigen Spitzenmanager Roberto Adinolfi, sagt Nunzia Brancati, hat daher viele Alarmglocken schrillen lassen. Umso mehr, als sich kurz danach eine Gruppe von Anarchisten tatsächlich zu der Tat bekannte. Man fürchtete Nachahmungstäter und die DIGOS ermittelte in ganz Italien. Die Täter wurden gefunden und eineinhalb Jahre später verurteilt. Im selben Jahr wechselt Nunzia Brancati erneut. Dieses Mal zur *Squadra mobile*, zum Mobilen Einsatzkommando.

Der »Boss von Forcella«

Was sie besonders an ihrem Beruf fasziniere, frage ich sie, als wir wieder im Auto sitzen. Sie zögert keinen Augenblick. »Es ist diese ganz spezielle Mischung aus Theorie und Praxis«, sagt sie. »Diese Arbeit ist mit meiner Ausbildung als Juristin perfekt vereinbar, aber sie ist gleichzeitig nicht nur reine Kopfarbeit. Man braucht auch sehr viel Bauchgefühl und muss in der Lage sein, Situationen und Emotionen deuten zu können. Das ist faszinierend und immer wieder neu.«

Es sei dieser Kontakt mit der gelebten Realität ihrer Stadt, der sie ansporne. Nur so könne man die Hintergründe verstehen, sagt sie, und beschließt dann, nach kurzer Rücksprache mit den »Falken«, mir einen weiteren kurzen Einblick in diese schwer verständliche Welt zu geben. Die Camorra, erklärt sie, habe in weiten Teilen der Stadt leichtes Spiel. Es fehle an Arbeitsplätzen, an Ausbildung und an den richtigen Vorbildern. Die organisierte Kriminalität gaukle den lebenshungrigen Jugendlichen scheinbare Auswege aus der Misere vor. Sie biete die Aussicht, im Drogenhandel zu schnellem Geld und vermeintlicher Macht zu kommen. So fühlten sich die jungen Clanmitglieder als Herrscher über ihr Territorium. Und würden von vielen auch tatsächlich als solche verehrt.

Plötzlich biegt unser Auto in eine enge Gasse des Viertels Forcella ein. »Wenn das Tor offen ist, können wir einen Blick hineinwerfen«, sagt Nunzia Brancati zu mir und fügt hinzu: »Aussteigen dürfen Sie auf keinen Fall! Das wäre zu gefährlich.«

Wir haben Glück. Das Tor ist offen. Im dunklen Innenhof des Gebäudes sehen wir im Erdgeschoß ein helles Licht. »Das ist eine richtige Gedenkstätte«, flüstert mir Nunzia Brancati zu. Hinter einer doppelflügeligen Glastüre mit den Initialen E. S. als Klinken ist ein Altar auszunehmen, wie man ihn sonst nur in Kirchen findet. »Ein Privataltar für den erschossenen Emanuele Sibillo.« Auf dem Boden steht eine riesige, lebensechte Gipsbüste. Sie ist ein Abbild des jungen Bosses und zeigt ihn, wie er war: mit Bart und Brille. Darüber befindet sich, eingerahmt von falschen Marmorstelen, ein großes Marienbild mit dem Jesuskind. Rote und weiße Rosen in mehreren Steinvasen runden das Bild ab. Selbst vor der Glastür liegt ein Teppich mit den Anfangsbuchstaben des Bosses. Gespendet wurde diese »Pilgerstätte« für den »König von Forcella« von Geschäftsleuten des Viertels. Besucht wird sie von Anhängern und Nachahmern. Jugendliche, die sich die Haare wie E. S. schneiden, sich die Zahl 17 tätowieren lassen und seinen Platz einnehmen möchten.

Unser Auto steht erst seit wenigen Augenblicken da, als wie aus dem Nichts gellende Schreie die Stille zerreißen. Eine wüste Tirade an Beschimpfungen hagelt auf uns nieder. »Das war die Stimme der Mutter Emanueles«, erklärt mir der Fahrer, der sofort tief aufs Gaspedal getreten ist. Wir kehren nun direkt zur Polizeidirektion zurück.

Auf dem Gang vor Nunzia Brancatis Büro finden wir vier Buben vor. Sie sind schmächtig und ungefähr 12, 13 Jahre alt. Von der Polizei wurden sie aufgegriffen, weil sie Stichwaffen eingesteckt hatten. Jetzt müssen die Eltern dieser Minderjährigen, die bereits einer »Baby-Gang« angehören, verständigt werden.

Das Problem der vielen auf die schiefe Bahn geratenen Jugendlichen liegt Nunzia Brancati sehr am Herzen. Selbst Mutter zweier Kinder, die aus verständlichen Gründen nicht über ihr Privatleben spricht, bricht sie eine Lanze für Bildung und Ausbildung. »Wir brauchen Ganztagsschulen«, sagt sie, »um die Kinder und Jugendlichen von der Straße zu holen.« Je mehr Zeit sie in der Schule verbrächten, desto geringer sei auch der Einfluss der Familien auf sie, ist sie überzeugt. Man müsse den Kindern vermitteln, dass es eine andere Welt sowie Auswege aus dem Elend, dem sie entfliehen möchten, gibt. Doch ohne entsprechende Jobmöglichkeiten, fügt sie ernst hinzu, sei auch das zu wenig. Solange sich wirtschaftlich nichts ändere, blieben die Jugendlichen eine leichte Beute für die Camorra und die Arbeit der Polizei gerate oft zum Kampf gegen Windmühlen.

»Die Camorra hat in ihrer Geschichte immer wieder Minderjährige aufgenommen, die eine Art Lehre durchlaufen mussten. Sie begannen mit Straßenkriminalität, lernten, Schusswaffen zu gebrauchen und mit Drogen zu handeln. So gewannen sie das Vertrauen im Clan und stiegen langsam in der Hierarchie der organisierten Kriminalität auf. Doch inzwischen ist der Großteil der Camorra-Bosse und ihrer engsten Mitarbeiter verhaftet. Und das hat die Lage radikalisiert.«

Betrachtet man die Strukturen der Camorra genauer, die sich durch große Flexibilität auszeichnet, ist das nur ein scheinbarer Widerspruch. Und so rückten gleichsam als Reaktion auf das ungewohnte Machtvakuum Jugendliche nach und nahmen die Geschicke der Clans in die Hand. »Ihre sogenannte Führungsqualität stellten sie durch die Anwendung von extrem viel Gewalt unter Beweis.«

Rund 60 Jugendliche fielen allein in den Jahren 2014 bis 2016 diesen Gewaltorgien zum Opfer. Opfer, die selbst skrupellose Killer waren und wussten, dass es nur zwei Wege für sie gab: Entweder sie landeten im Gefängnis oder auf dem Friedhof. »Aber es waren oft auch Jugendliche, die von den alten Familien und deren Bossen als Stellvertreter für ihre Zwecke eingesetzt und benutzt wurden«, erläutert Nunzia Brancati die komplexe Lage in ihrer geliebten Heimatstadt.

Der große Coup

Um die großen Bosse geht es seit einigen Jahren im beruflichen Leben der Vizepolizeidirektorin. 2014 wird sie zur Leiterin der Abteilung *Catturandi* ernannt. In ganz Italien gibt es nur zwei dieser Spezialeinheiten des Mobilen Einsatzkommandos, »nämlich in Palermo und eben in Neapel«. Deren Aufgabe ist es, die wichtigsten flüchtigen Mafiabosse des Landes aufzuspüren. Clanchefs, die über große Vermögen und ein dichtes Netzwerk verfügen und dadurch lange Jahre im Verborgenen leben können.

Das ist auch der Fall von Marco Di Lauro. 15 Jahre lang war der Camorra-Boss im Untergrund abgetaucht. Dann gelingt den Ermittlern am 2. März 2019 der langersehnte, große Coup:

Die Nummer zwei auf der Liste der meistgesuchten Verbrecher Italiens wird verhaftet. Marco Di Lauro landet endlich hinter Gittern.

Seine Verhaftung, sagt Nunzia Brancati, war das Ergebnis jahrelanger, minutiöser Arbeit. Die Polizisten und Polizistinnen der *Catturandi* arbeiten in Schichten rund um die Uhr. Sie führen Lauschangriffe durch, sammeln penibel Informationen, beschatten Verdächtige und sind jederzeit auf Abruf, wenn sich die Annahme erhärtet, man sei einem großen Boss auf der Spur. Ein wesentliches Merkmal der *Catturandi* ist, dass sie immer im Hintergrund arbeitet. Ihre Mitarbeiter werden deshalb auch die »Unsichtbaren« genannt, denn sie erscheinen nur ganz selten in der Öffentlichkeit. Nämlich immer nur dann, wenn ein ganz großer Fisch ins Netz geht. »Je weniger man uns kennt, desto besser für unsere Arbeit«, betont die Chefin, die Wert darauf legt, dass in ihr Team nur Ermittler mit sehr großer Erfahrung, einem langen Atem und extrem gutem Teamgeist aufgenommen werden. Anders seien die Aufgaben nicht zu bewältigen. Jeder noch so kleine Fehler kann die Arbeit von Jahren zunichtemachen.

Derzeit besteht die Abteilung aus 20 Personen, bei Bedarf – wie im Fall von Marco Di Lauro – kann sich die Zahl aber auch mehr als verdoppeln. Die Jagd nach den großen Bossen, so Nunzia Brancati, ist immer mit enormem Aufwand verbunden. So waren bei der Festnahme des international gesuchten Camorristen letztlich 150 Einsatzkräfte beteiligt, ein Team aus Polizisten und Carabinieri.

Gefunden wurde der 38-jährige Marco Di Lauro gemeinsam mit seiner Frau in einem ganz normalen Wohnhaus mitten in Neapel, wo er sich widerstandslos festnehmen ließ. Bilder in den

Medien zeigten, wie der Boss in einem langärmeligen T-Shirt mit dem Auto zur Polizeidirektion gebracht wurde. Darüber kreiste ein Polizeihubschrauber. Vor dem Gebäude waren rund hundert Menschen versammelt, die in Sprechchören riefen: »Gut gemacht.« Marco Di Lauro gilt nach dem sizilianischen Mafiaboss Matteo Messina Denaro, der seit 1993 flüchtig ist, als zweitgefährlichster Mann Italiens.

»Obwohl er 2004 untertauchte, gelang es ihm bis zuletzt, die Fäden in der Hand zu behalten«, sagt Nunzia Brancati über Marco Di Lauro, den Mann, der einen der mächtigsten Camorra-Clans der Stadt anführte. Den Grundstein für diese Machtposition der Familie legte jedoch sein Vater. Paolo Di Lauro verfügte über große unternehmerische Fähigkeiten, die er für seine kriminellen Machenschaften exzellent zu nutzen wusste. So änderte er in den 1990er Jahren die gängigen Bedingungen im Drogenhandel und stieg damit selbst ganz groß in das Drogengeschäft ein. Die Geschäftsidee war einfach: Paolo Di Lauro schaltete sämtliche Zwischenhändler aus und trat direkt mit den Drogenkartellen in Südamerika in Kontakt. Für die Verhandlungen mit den *Narcos* schickte er seine treuesten Männer nach Kolumbien.

Der Boss, der schon damals den Spitznamen »der Millionär« trug, konnte durch den Wegfall der Mittelsmänner sowie geringere Transportkosten enorme Gewinne erzielen. Während andere Clans Umwege über Spanien und Holland in Kauf nahmen und für jede einzelne Etappe zahlen mussten, importierte Paolo Di Lauro direkt und senkte damit auch den Preis für die Drogenkonsumenten. Kokain und Heroin wurden so billiger und gelangten in großen Mengen nach Europa. Stadtviertel wie das an der Peripherie von Neapel liegende Scampia entwickelten sich zu zentralen Drogenumschlagplätzen für den gesamten Kontinent.

»Das System war ausgeklügelt und regulierte den Verkauf bis ins letzte Detail«, erklärt Nunzia Brancati. Dazu wurden Teile der ab den 1970er Jahren entstandenen Wohnsiedlungen von den Drogenhändlern regelrecht in Beschlag genommen. Vor allem die *vele* genannten, riesigen Wohnkomplexe, die ursprünglich als Vorzeigesozialprojekt gedacht waren, wurden so zum Synonym für Elend und Verfall. Die Clans errichteten dort Absperrungen, installierten Videoüberwachungen und kontrollierten damit auch das Leben der ganz normalen Leute. »Immer wieder rückte die Feuerwehr aus, um die Barrikaden und Absperrungen abzutragen«, beschreibt Nunzia Brancati das Leben in Scampia, »aber nach wenigen Stunden war der vorherige Zustand wiederhergestellt.« Die Camorra saß am längeren Ast.

Der Drogenhandel selbst sah – und sieht auch heute noch – genau definierte Rollen vor: vom *palo*, der das Gebiet überwacht, über den *killer* bis hin zum *capo piazza*, einem Getreuen, der das unbedingte Vertrauen des Clanchefs genießt und die Kontrolle über den Verkauf der Drogen hat. Die Drogen selbst wurden dabei in Kommission überlassen und mussten erst nach dem Verkauf bezahlt werden. Die aufzuschlagende Gewinnspanne für den Boss war allerdings hoch. So wurde der scheue und bei den Menschen des Viertels beliebte Paolo Di Lauro täglich reicher. Rund 500.000 Euro soll ihm der Drogenhandel pro Tag eingebracht haben.

Als Paolo Di Lauro begann, seine Söhne immer mehr in seine Geschäfte einzubeziehen, verschob sich jedoch das etablierte Gleichgewicht. Einige der treuesten Gefolgsleute spalteten sich ab und erklärten ihrem Boss den Krieg. In der Folge kam es 2004 zu einem blutigen Konflikt zwischen den Sezessionisten und der Familie Di Lauro. Die »Fehde von Scampia« kostete innerhalb kurzer Zeit 69 Menschen das Leben. Dass auch völlig unschuldige Menschen diesem Machtkampf zum Opfer fielen, nahmen die rivalisierenden Camorristen als Kollateralschaden in Kauf.

Dieses Blutbad rief regelmäßig die Polizei auf den Plan. Immer wieder wurden Dutzende Clanmitglieder verhaftet. Im September 2005 ging der Polizei auch Paolo Di Lauro selbst ins Netz. Nach weiteren Festnahmen blieb sein vierter Sohn, Marco Di Lauro, an der Spitze des Clans über. Untergetaucht, aber frei. Aus seinen wechselnden Verstecken heraus lenkte der junge Boss über Strohmänner die Geldflüsse seiner Familie. Investiert wurde vorwiegend in Immobilien und Unternehmen. Eine wesentliche Rolle bei der Verwaltung dieser enormen Geldsummen spielten die sogenannten *magliari*. »Das sind ambulante Verkäufer, die von Tür zu Tür gehen und die man überall findet. Sie verkaufen zum Beispiel Markenbekleidung und Elektrogeräte«, sagt die Camorra-Expertin Brancati. Der springende Punkt dabei: Es handelt sich ausschließlich um gefälschte Marken. »Sie kaufen diese Waren in Läden, die von der Camorra kontrolliert sind, und verkaufen sie in die ganze Welt. Wir haben sie in Kanada genauso gefunden wie in Lateinamerika, in Australien und im Fernen Osten.« So werden große Geldsummen reingewaschen. Polizeibekannt ist auch die starke Präsenz der Camorra in Deutschland und Spanien.

Mit Schutzgelderpressungen, sagt Nunzia Brancati, hat sich der Clan Di Lauro nie abgegeben. »Sie hatten so viel Geld, dass sie keine Geschäftsleute bedrängen mussten. Im Gegenteil: Sie hatten zu viel Geld. Geld, das sie in Umlauf bringen mussten. Das trug lange Zeit zum Prestige des Clans bei.«

Mit Marco Di Lauro ist nun auch der Letzte der Familie aus dem Verkehr gezogen. Alle anderen sind tot oder im Gefängnis.

Wieso kann ein auf der ganzen Welt gesuchter Boss ausgerechnet mitten in Neapel leben, frage ich die Leiterin der *Catturandi* am Ende ihrer Ausführungen. Die Camorra – wie die Mafien allgemein – verfügt über ein dichtes Netz an Unterstützern, die ihren im Untergrund lebenden Chef auf mehreren Ebenen schützen, erklärt sie. Ganz nahe an ihm sind nur wenige der Allertreuesten. Die Kommunikation erfolgt in geschlossenen und sehr ausgeklügelten Systemen, die kaum zu knacken sind. Die *Catturandi* kontrolliert daher engmaschig jede Person, die mit dem flüchtigen Boss in Verbindung stehen könnte. »Doch letztlich«, sagt die Camorra-Jägerin, »brauchen wir etwas, das das schützende System, das den Gesuchten umgibt, erschüttert.«

Diese Erschütterung war im Falle Marco Di Lauros ein Mord. Ausgeführt von einem seiner engsten Vertrauten an der eigenen Ehefrau. Die 33-Jährige wollte ihren Mann verlassen, eine Schmach, die Salvatore Tamburrino nicht hinnehmen konnte. Er erschoss seine Frau vor den Augen seiner Kinder. »Die Tat führte zu einer Reihe von Auffälligkeiten, die unseren Leuten bei den Abhöraktionen auffielen«, beschreibt Nunzia Brancati den Vorgang. »Wir wussten zuerst nicht, was los war, aber wir verstanden, etwas ist nun aus dem Lot gekommen.«

Der Mord und der Umstand, dass Salvatore Tamburrino beschloss, mit der Polizei zusammenzuarbeiten, führten die Ermittler letztlich mitten ins Versteck des Bosses. Ein großer

Erfolg für Nunzia Brancati und ihr Team, zu dem auch Regierungschef Giuseppe Conte gratulierte.

Bei unseren Gesprächen erlebe ich Nunzia Brancati als sehr unaufgeregt und nervenstark. An die Gefahren, die ihr Beruf mit sich bringt, denke sie selten, sie sei vielmehr sehr konzentriert auf jeden einzelnen Fall.

Nur einmal, sagt sie, sei ihr richtig klar geworden, was es heißt, sein Leben zu riskieren. Das war 2015, als zwei Kollegen bei ihrer Arbeit attackiert wurden. Die beiden verdeckten Ermittler waren Schutzgelderpressern auf der Spur, als einer der Verdächtigen mehrmals von hinten auf sie schoss. Seither sitzt einer der beiden Polizisten im Rollstuhl, nachdem sein Leben längere Zeit am seidenen Faden gehangen war.

In einer konzertierten Razzia war es Nunzia Brancati und ihren Mitarbeitern gelungen, den Täter ausfindig zu machen. »Damals habe ich gesehen, was es heißt, solidarisch zu sein und für die Justiz zu arbeiten. Da wurde ein Mensch, aber gleichzeitig auch die Institution selbst angegriffen. Und alle haben zusammengehalten wie in einer Familie.«

Ihre Arbeit, sagt sie, als sie gerade ein Telefonat des Polizeidirektors erreicht, werde nie zu Ende gehen. Die Camorra stellt die Behörden vor ständig neue Herausforderungen. Sie ist brutal wie die sizilianische Mafia und die kalabrische 'Ndrangheta, sagt Nunzia Brancati, aber sie kann sich viel besser tarnen und anpassen. »Sie ist wie das Wasser. Sie dringt in die kleinsten Poren ein, ohne entdeckt zu werden.«

Das war ein ganz brutales Erwachen.

Die Senatorin

LAURA GARAVINI

Als sie am Morgen des 15. August 2007 aufwacht, tut Laura Garavini das, was sie immer tut. Sie schaltet das Radio ein, um sich einen Überblick über die aktuelle Nachrichtenlage zu verschaffen. Doch an diesem Mittwoch lässt sie sich etwas Zeit. Es ist *Ferragosto*, der Italiener liebster Feiertag. Und so döst sie noch ein wenig vor sich hin, als sie plötzlich eine Meldung aufhorchen lässt.

»Bluttat am Duisburger Hauptbahnhof: Sechs Menschen erschossen«, lautet die Schlagzeile. Doch was sie gänzlich aus dem Schlaf reißt, ist die Zusatzinformation. Alle Opfer sind Männer. Und: Sie sind Italiener.

»Ich war völlig geschockt. Es war erst zwischen sechs und sieben Uhr morgens. Details und Hintergrund der Tat waren noch nicht bekannt«, erzählt Laura Garavini während unseres Gesprächs, das wir im römischen Büro der Senatorin führen. »Trotzdem habe ich sofort kapiert: Hier stimmt etwas nicht. Ein sechsfacher Mord vor einem italienischen Restaurant? Das ist mehr als nur ein normales Gewaltverbrechen.«

Unbehagen und Nervosität steigen an jenem Morgen in ihr hoch. Sie dreht das Radiogerät lauter und verfolgt in den kommenden Stunden minutiös jede Wendung, die publik gemacht wird. 18 Jahre lebt sie inzwischen in Deutschland, und der sich langsam bestätigende Verdacht, bei der Bluttat handle es sich um einen Mafiaanschlag, trifft sie tief ins Herz. Sie denkt an die vielen Landsleute, die unter dem oft geäußerten Generalverdacht »Italiener gleich Mafioso« leiden und die durch ihr untadeliges Verhalten Tag für Tag dagegen ankämpfen. Doch diesmal geht es nicht um Vorurteile. Diesmal geht es um Fakten und die sprechen eine grausame, archaische Sprache.

»Das war ein ganz brutales Erwachen. Denn alle – auch wir Italiener, die wir in Deutschland lebten – mussten sich mit der schrecklichen Erkenntnis auseinandersetzen, dass hier, mitten im Herzen Europas, in einer mittleren und ganz normalen Stadt, das organisierte Verbrechen fest verankert ist. Denn innerhalb nur weniger Stunden war klar: Wir haben es hier mit einem Angriff der 'Ndrangheta zu tun.«

Im Halbstundentakt berichten deshalb in- und ausländische Medien über die Tat, die in Deutschland sofort in die Reihe der schwersten Gewaltverbrechen der vergangenen Jahre Eingang findet. Der Begriff »die Mafiamorde von Duisburg« wird geprägt und geht um die Welt. Die Stadt selbst ist im Ausnahmezustand.

Die tödliche Mafiataufe von Duisburg

Laut Polizeiangaben war es 2.30 Uhr. Eine Fußgängerin hält einen zufällig vorbeifahrenden Streifenwagen auf. Sie habe Schüsse gehört, versichert sie den erstaunten Beamten, die ihr anfangs gar nicht glauben wollen. Nur wenige Minuten später machen die Polizisten jedoch ganz in der Nähe des Hauptbahnhofs eine furchtbare Entdeckung. Sie stoßen auf zwei Fahrzeuge. Im Inneren eines dunklen VW Golf liegen vier, in einem Opel Kastenwagen zwei Männer. Fünf sind bereits tot, das sechste Opfer stirbt auf dem Weg ins Krankenhaus. Die Männer, berichten die Ermittler, waren unbewaffnet. Die Autos und die Leichname sind jedoch von Dutzenden Kugeln durchsiebt. Eine regelrechte Hinrichtung, an deren Aufklärung sofort mehr als 50 Beamte arbeiten. Von den vermutlich zwei Tätern fehlt jede Spur.

Begonnen hat der Abend für die sechs Männer harmlos und fröhlich im *Ristorante Da Bruno* im Bahnhofsviertel. Der Besitzer, Sebastiano Strangio, stammt aus Kalabrien und lebt seit 20 Jahren in Deutschland. Fotos im Inneren des Lokals zeigen ihn mit bekannten Gesichtern aus Kunst und Politik. Die Speisekarte führt viele Spezialitäten aus der Heimat des Chefs an: *Gamberoni alla calabrese*, Goldbrassenfilet auf kalabrische Art und Fleischrouladen, wie man sie ganz im Süden der Apenninenhalbinsel zubereitet. *Da Bruno* galt als ausgezeichnete Adresse und bürgte für kulinarische Höhepunkte.

Der Anlass des geselligen Zusammenkommens am Vorabend des *Ferragosto* ist eine Geburtstagsfeier. Der Lehrling Tommaso Venturi wird 18 und feiert mit Freunden seine Volljährigkeit. Mit ihnen stößt auch der Chef des Restaurants auf den neuen Lebensabschnitt des jungen Mannes an. Doch es ist keine normale Geburtstagsfeier, wie sich später herausstellt. Der 39-jährige Sebastiano Strangio wird das mit Abstand älteste Opfer des Anschlags sein.

»Die Ermittler hatten verbrannte *santini* gefunden – also Heiligenbildchen, die den ›Beschützer‹ der Clans, den

Erzengel Michael, zeigen«, erinnert sich Laura Garavini. »Diese *santini* sind Teil des Aufnahmerituals in einen Mafiaclan.« Und tatsächlich spricht noch am Tag der Tat der damalige italienische Innenminister Giuliano Amato von einem Mafiahintergrund.

Das Aufnahmeritual findet in einem Hinterzimmer von *Da Bruno* statt. Aufgenommen wird der bereits in Deutschland geborene und nun für die Initiation für reif gehaltene Tommaso Venturi. Er muss sich einer Zeremonie unterziehen, für die strengste Regeln gelten. Eine Vorschrift für diese »Taufe« ist ganz sicher erfüllt: Sie muss im Beisein von mindestens fünf Clanmitgliedern stattfinden. Dann schwört der aufgenommene *picciotto* mit seinem eigenen Blut ewige Treue. Bis in die »siebte Generation«, gelobt er. Nur so könne die Ehre der weisen Meister gewahrt werden.

Das Verbrennen der *santini* ist ein zentraler Teil des Initiationsritus und besitzt einen hohen Symbolwert. Einmal in einen Clan eingetreten, gibt es kein Zurück mehr. Die Organisation betritt man lebend, verlassen kann man sie aber nur tot, lautet das ungeschriebene Gesetz. Ein Verrat zieht demnach ein Todesurteil nach sich. Einmal Mafioso, immer Mafioso.

Die Spur der Morde von Duisburg führt also direkt nach Kalabrien. Italienische Ermittler sprechen von einer *faida,* einer blutigen Auseinandersetzung zwischen zwei rivalisierenden 'Ndrangheta-Clans im kalabrischen San Luca. Der Ort im Aspromonte-Gebiet ist die Heimat der Familien Nirta-Strangio (der Besitzer des Restaurants in Duisburg ist nicht mit ihnen verwandt) und Pelle-Vottari-Romeo. Auslöser für die Bluttat in Duisburg soll die Ermordung der Ehefrau eines Clanchefs gewesen sein. Die 33-jährige Maria, die junge Frau von Giovanni Nirta, wurde am Weihnachtstag 2006 erschossen. Drei weitere Menschen, darunter ein fünfjähriges Kind, wurden verletzt. Das Todeskommando, zwei vermummte Männer mit Gewehren, hatte das Feuer auf die vor ihrem Haus stehende Gruppe eröffnet. Die Ermittler gehen davon aus, dass der Anschlag Marias Ehemann gegolten hatte, der jedoch untertauchen konnte. Begonnen hatte die *faida* bereits 1991. Im Lauf der Jahre kam es zu zahlreichen Mordanschlägen zwischen den beiden Familien. Nun hat die blutige Fehde einen neuen Höhepunkt erreicht.

»Es ist eine beispiellose Abrechnung, auch deshalb, weil sie erstmals im Ausland stattgefunden hat«, zitiert die Nachrichtenagentur ANSA den stellvertretenden Leiter der Polizei von Reggio Calabria, Luigi De Sena. »Die Präsenz von Kalabresen in Deutschland ist sehr stark, aber bislang haben sie versucht, nicht aufzufallen.« Das war nun vorbei. Und ganz Deutschland wusste: Das Land hat ein bisher verdrängtes Problem. Die brutalste und mächtigste italienische Mafiaorganisation, die 'Ndrangheta, war mitten unter ihnen.

Auch Laura Garavini hat zu diesem Zeitpunkt wenig Ahnung vom tatsächlichen Ausmaß der dunklen Machenschaften des organisierten Verbrechens. »Die Emilia Romagna schien in meiner Jugend ein vom Phänomen Mafia unberührter Landstrich zu sein«, sagt die 1966 in Vignola, einem kleinen Ort nahe Modena, geborene Politikerin. »Ich kannte das organisierte Verbrechen daher nur aus den Medien und aus diversen Studien.«

Doch nach dem spektakulären Mordfall wird ihr klar: Sie muss etwas tun. Sie muss selbst aktiv werden. Und zwar sofort.

»Mafia? Nein danke!«

Nach Deutschland war die Tochter italienischer Obstbauern 1989, kurz nach dem Fall der Berliner Mauer, gekommen. »Meine Eltern haben vor allem wunderschöne Kirschen angebaut«, blickt sie liebevoll und dankbar zurück. Ihre Eltern, das waren einfache Menschen, sagt sie, doch ihnen war eines sehr wichtig: »Ihr Mädchen« sollte eine gute Ausbildung bekommen und ein Studium absolvieren. Und so ist sie die Erste ihrer Familie, die einen Universitätsabschluss machen konnte.

Nach ihrer Studienzeit in Bologna geht sie 1989 an die Christian-Albrechts-Universität nach Kiel. Und warum ausgerechnet Politikwissenschaften?, frage ich Laura Garavini. Die Antwort ist einfach und eine Art roter Faden durch ihr Leben. Zu Hause habe ihre Familie ihr bestimmte Werte vermittelt: soziale Gerechtigkeit, Gemeinwohl und Einsatz für Legalität.

In Deutschland versucht die junge Frau, diese Ideen im realen Leben zu verwirklichen. In Hamburg unterrichtet sie im Auftrag des Generalkonsulats ihres Landes Kinder italienischer Einwanderer. Sieben Jahre nach ihrer Ankunft in Kiel arbeitet sie für ein von der deutschen Bundesregierung finanziertes Integrationsprojekt und geht dafür nach Köln. Später übersiedelt sie nach Berlin, wo sie sich gewerkschaftlich engagiert. Sie wird Leiterin der Sozialberatungsstelle ITAL-UIL beim Deutschen Gewerkschaftsbund in Berlin Brandenburg. In der deutschen Bundeshauptstadt beginnt 2004 auch ihre Tätigkeit für den Verein *Union der Italiener in der Welt*, deren Geschäftsführerin sie später wird.

Laura Garavini hat schon bald nach ihrer Ankunft beschlossen, in Deutschland zu bleiben. »Ich war sehr beeindruckt von den Möglichkeiten, die Deutschland bietet. Dass man zum Beispiel einer jungen Frau aus dem Ausland – eben wie ich eine war – Chancen eröffnet. Ohne dass man auf familiäre Unterstützung, Hilfe durch Freunde oder gar Beziehungen zurückgreifen müsste, wie das in Italien so oft der Fall ist. Das hat mich sehr fasziniert.«

Inzwischen ist Laura Garavini verheiratet, Mutter einer Tochter sowie seit 2003 auch im Besitz der deutschen Staatsbürgerschaft.

Nun, im Sommer 2007, sagt sie der Mafia in ihrem neuen Heimatland den Kampf an. »Ich habe mit den Leuten, die in Sizilien die Anti-Mafia-Bewegung *addiopizzo* gegründet haben, Kontakt aufgenommen. Die Bewegung ist 2004 in Palermo entstanden und machte sich zum Ziel, die Schutzgelderpressungen – das Eintreiben des *pizzo* – zu bekämpfen. Sie waren in Sizilien sehr erfolgreich und mir schwebte eine ähnliche Aktion vor.«

Laura Garavini kontaktiert gleich nach dem Attentat so viele, wie sie betont, seriöse Betreiber italienischer Restaurants und Pizzerien wie möglich. Unermüdlich klappert sie mit einigen Mitstreitern die Berliner Lokale ab. Denn die Gastwirte sind die Ersten, die unter den Folgen des Attentats von Duisburg leiden. Das Image italienischer Betriebe ist stark angeschlagen. Vor allem kleinere, weniger gehobene Restaurants und Pizzerien haben große Probleme. Und die schlagen sich auch wirtschaftlich nieder. Zuvor gut gehende Lokale bleiben leer.

Plötzlich kursiert das Schlagwort: Wo es Pizza gibt, dort ist die Mafia. Es gibt Angst auf allen Seiten. Und so gründet Laura Garavini nur sechs Tage nach den Mafiamorden, am

Die Anti-Mafia-Bewegung muss aus der Zivil-gesellschaft kommen,

und von ganz
normalen
Bürgern
mitgetragen
werden.

LAURA GARAVINI

21. August 2007, in Berlin die Initiative »Mafia? Nein danke!«.
Knapp ein Dutzend Gastromomen sind sofort bereit, sich
anzuschließen.

»Was mich antrieb, war folgende Überlegung: Wenn die
Mafien international agieren, dann muss die Anti-Mafia-Bewegung ebenfalls international werden. Und: Sie muss auch
aus der Zivilgesellschaft kommen, also von ganz normalen
Bürgern mitgetragen werden.«

Nach dem Vorbild der italienischen Bewegung *addiopizzo* entwerfen die »Mafia? Nein danke!«-Aktivisten einen
Aufkleber. Darauf steht in deutscher Sprache: »Menschen,
die sich der Mafia beugen, sind Menschen ohne Würde.«
Diese Aufkleber werden gut sichtbar am Eingang der jewei-
ligen Restaurants angebracht. Gleichzeitig unterzeichnen
die Mitglieder der neuen Anti-Mafia-Initiative einen Pakt.
Damit verpflichten sie sich, keine Schutzgelder zu bezahlen.
Sie garantieren aber auch, kein Personal einzustellen, das
kriminelle Clans ihnen aufzuzwingen versuchen. Ein dritter
Punkt betrifft den Ankauf von Waren. Auch hier gilt: Kein
Kauf von Lebensmitteln, die von außen aufgenötigt werden.
Ein großes Problem, das alle kennen, über das aber niemand
offen sprach.

Zu Laura Garavinis großem Erstaunen, wie sie heute
sagt, wird »Mafia? Nein danke!« von der deutschen Presse
sofort mit großem Interesse und Wohlwollen aufgenommen.
»Sie haben unsere Rebellion gegen das organisierte Verbrechen zu schätzen gewusst.« Doch nicht nur die Medien, auch
die Sicherheitskräfte in Berlin sind von dieser Kampagne
der Zivilgesellschaft begeistert. »Sie haben öffentlich ihre
Wertschätzung zum Ausdruck gebracht dafür, dass die

italienischen Bürger sich ganz eindeutig von den Taten der Mafia distanzierten.«

Ohne die enge Zusammenarbeit mit der Polizei, weiß sie heute, hätte die Initiative keine Chance gehabt. Zu groß sei das Risiko gewesen, dass sich Mafiosi einschleichen, um so die Bewegung zu infiltrieren und von innen kaputtzumachen. Und noch etwas macht ihr damals Kopfzerbrechen. Wie kann sie selbst garantieren, dass die immer größer werdende Zahl der Mitglieder auch sauber ist?

Da ihr die nötigen Mittel zur Überprüfung fehlen, beschränkt sie sich vorerst auf Berlin, geht mit ihrer Idee dann aber auch nach Köln und in kleinere Städte wie Villingen in Baden-Württemberg. Denn dort hat sie »Kontakte zu Gastwirten, für die wir die Hand ins Feuer legen konnten«.

Innerhalb weniger Tage steigt die Zahl der sich anschließenden Gastwirte auf 120. Gemeinsam mit der Polizei organisieren die Betreiber Informationsveranstaltungen. Es gilt, die Menschen zu sensibilisieren, aufzuklären und zu warnen. Die Berliner Polizei stellt aber auch konkrete Hilfe zur Verfügung. Ein Polizist in Zivil macht ab sofort regelmäßig seine Runden durch die italienischen Lokale. Die Gastwirte fühlen sich dadurch sicherer und können auf einen Mann ihres Vertrauens zählen.

Wie wichtig das ist, stellt sich schon bald darauf heraus. Kurz vor dem Weihnachtsfest 2007 kommt es in Berlin zu Schutzgelderpressungen. Die Eintreiber sind bewaffnet und scheuen vor Gewalt nicht zurück. Sie fackeln ein Lokal ab, weil der Besitzer sich weigert, zu bezahlen. Dann sprengen sie das Auto eines anderen Gastwirtes in die Luft. Die Botschaft ist klar. Die Angst der Gastronomen groß. Sie fürchten um ihr Leben.

»Ich verbrachte ganze Nächte mit ihnen«, sagt Laura Garavini. »Ich erinnere mich gut an eine Lokalbetreiberin. Eine junge, alleinerziehende Mutter aus Kampanien. Sie war von dort weggegangen, um nicht von der Camorra erpresst werden zu können. Sie sagte zu mir: ›Als ich die beiden in mein Lokal kommen sah, wusste ich sofort, was sie wollten.‹ Sie hatte panische Angst um ihre kleine Tochter.«

Die beiden Männer können dank der engen Zusammenarbeit zwischen Gastwirten und Polizei bereits am Jahresende an einer Straßensperre gefasst werden. Sie waren Camorristen und gehörten zu einem mächtigen neapolitanischen Clan. Nach Berlin sind sie mit einem ganz konkreten Auftrag geschickt worden. Sie sollten in der Stadt Fuß fassen und ganze Gebiete für die Camorra »erobern«. Zuallererst mussten dafür »die italienischen Wirte gefügig gemacht werden«. Dabei gingen sie nach einem eingespielten Schema vor. Sie betraten ein Lokal, wandten sich an die Besitzer und ließen sie zwecks Einschüchterung sehen, dass sie bewaffnet waren. Dann begannen sie ein Gespräch. Für andere Anwesende ein völlig unverdächtig wirkendes Bild. Etwas später zogen die beiden einen Brief mit Weihnachtsmotiven hervor. Sie würden Spenden eintreiben, erklärten sie den Gastwirten. Spenden für Verwandte, die sich in Not befinden. Ein Aufruf, dem sich der Wirt nicht entziehen könne, wurde diesem klargemacht. Sonst würde er gegen die guten Regeln in Süditalien verstoßen. Die Drohung war unmissverständlich.

Die Verhaftung der Camorristen und das mutige Vorgehen von »Mafia? Nein danke!« führt erneut zu sehr positiven

Reaktionen der deutschen Presse. »Sie schrieben: ›Die Italiener haben den Mut, Nein zu sagen.‹ Das war ein schöner Erfolg.« Über 40 italienische Restaurantbesitzer haben nach diesen Erpressungsversuchen Anzeige erstattet. Die bisher größte Anti-Schutzgeld-Kampagne außerhalb Italiens schreibt Geschichte. »Mafia? Nein danke!« wird von der Polizei als »best practice model« im Kampf gegen das organisierte Verbrechen ausgeschildert.

Im Parlament für den Wahlkreis Europa

Für Laura Garavini sind das intensive und fordernde Monate, die jedoch ein völlig neues Kapitel in ihrem Leben einläuten.

Nach einer verlorenen Vertrauensabstimmung über die Regierung Romano Prodi löst der italienische Staatspräsident, Giorgio Napolitano, im Februar 2008 die beiden Parlamentskammern auf. Nach den Neuwahlen im April zieht auch die Italo-Berlinerin, die für die Demokratische Partei ins Rennen gegangen ist, ins römische Abgeordnetenhaus ein. Eine Premiere und ein Rekord. Die 41-jährige Politologin ist die erste in Deutschland lebende Italienerin, die ins Parlament gewählt wird. Ihr Wahlkreis ist Europa. Denn rund 1,5 Millionen Italiener leben im europäischen Ausland. Sie stellen sechs Abgeordnete und zwei Mitglieder des Senats. Laura Garavini ist mit über 25.000 Vorzugsstimmen – den meisten im Wahlkreis Europa – nun eine von ihnen.

Auch im Parlament steht die Bekämpfung des organisierten Verbrechens ganz oben auf ihrer Liste. Fünf Jahre lang, bis zum Ende der Legislaturperiode, ist sie die Fraktionsvorsitzende ihrer Partei im Anti-Mafia-Ausschuss des italienischen

Parlaments. 2010 gehört sie zu jenen Abgeordneten, die die Einführung eines Anti-Mafia-Ethik-Kodex für die Wahllisten der Parteien fordern. Der Kodex, der saubere Kandidaturen garantieren soll, wird von der Anti-Mafia-Kommission angenommen. Gleichzeitig arbeitet sie weiterhin eng mit den deutschen Behörden zusammen.

Eine nicht immer einfache Zeit, sagt Laura Garavini heute. Sie ist 2018 – wiederum mit einem Vorzugsstimmenrekord – in den Senat gewählt worden. »Als junge Abgeordnete, die sofort in die hoch angesehene Anti-Mafia-Kommission berufen wurde, habe ich in Rom Neid und Missgunst von Kollegen erlebt. Es gab viele Anfeindungen. Aber für mich war es eine wundervolle Gelegenheit, um auf das aufmerksam zu machen, was mir wichtig ist: die Präsenz des organisierten Verbrechens auf internationaler Ebene.«

Immer wieder macht Laura Garavini auf die Gefahr durch die Mafien besonders in Deutschland aufmerksam. Vor allem den ehemaligen Osten sieht sie als Rückzugsgebiet für kriminelle Gruppen wie die kalabrische 'Ndrangheta. Nach dem Fall der Berliner Mauer »hat man nicht so genau hingesehen, woher die Gelder für Investitionen kamen. So konnten die Mafien gezielt in Immobilien, in den Tourismus und in Gastronomiestrukturen investieren«.

Laura Garavini weiß, das organisierte Verbrechen kann man nur grenzüberschreitend und in der EU mit europäischen Gesetzen bekämpfen. Und so setzt sie sich vor allem für den Austausch und die Zusammenarbeit zwischen Deutschland und Italien ein. Sie bewirkt die Einführung eines Anti-Geldwäsche-Gesetzes sowie die eines Unternehmensregisters samt Anti-Mafia-Normen. Und sie setzt sich für die mögliche

Beschlagnahmung von Mafiavermögen außerhalb Italiens ein. »Unsere Erfahrung hat gezeigt«, betont Laura Garavini mit Nachdruck, »dass die Beschlagnahme von Gütern das Instrument schlechthin ist, um die Mafien zu bekämpfen. Denn da trifft man sie an ihrer Schwachstelle: Besitz und Vermögen.«

Laura Garavinis Expertise ist besonders 2014 gefragt. Während der turnusmäßigen EU-Ratspräsidentschaft Italiens wird sie im Parlament zur Vorsitzenden der »Kommission zur Bekämpfung der organisierten Kriminalität auf europäischer und internationaler Ebene« ernannt. Für ein investigatives Instrument hat sie besonders hart gekämpft. Jahrelang wurde in Italien »die Einrichtung von gemeinsamen und damit länderübergreifenden Ermittlungsgruppen verschleppt«, beklagt sie. Erst im März 2016 setzt das Kabinett Renzi diesen EU-Rahmenbeschluss in nationales Recht um. »Die Verbrechensbekämpfung betrifft meist nicht nur ein Land. Nehmen wir den Drogenhandel. Da kommen die Drogen zum Beispiel im Hafen von Rotterdam an. Dann werden sie in Mailand auf den Markt gebracht und letztlich in Berlin verkauft. Da ist es von äußerster Wichtigkeit, wie eng die Anti-Mafia-Kämpfer miteinander vernetzt sind.«

Und wenn sie heute an ihre eigenen Anfänge zurückdenkt?

Dann fühlt sie sich in ihrer Sorge von damals bestätigt. »Mit den Erkenntnissen von heute kann man sagen, Duisburg war für die Mafia ein strategisch wichtiger Ort. Eine unauffällige Stadt, aber strategisch perfekt gelegen. Luxemburg, Belgien, die Niederlande und Frankreich sind nahe; alles Gebiete, die große Absatzmärkte darstellen und unterschiedliche Rechtssysteme haben.«

Der Auftraggeber für die Mafiamorde von Duisburg ist übrigens sofort über die Grenze nach Amsterdam geflüchtet. Dort wurde Giovanni Strangio eineinhalb Jahre später, im März 2009, von einer internationalen Ermittlergruppe festgenommen. In der niederländischen Hauptstadt hatte er, gemeinsam mit seiner Frau und seinem kleinen Sohn, in einem gutbürgerlichen Viertel eine Fünfzimmerwohnung bezogen. Das Haus verließ er so gut wie nie. Doch letztlich nützten all die Vorsichtsmaßnahmen einschließlich blond gefärbter Haare nichts. Die Ermittler erkannten den 30-Jährigen auf einem Foto.

Der Prozess gegen Giovanni Strangio zog sich über Jahre. 2011 wurde er vom Gericht im kalabrischen Locri in erster Instanz zu lebenslanger Haft verurteilt. Sieben Jahre nach seiner Verhaftung in den Niederlanden bestätigte das italienische Kassationsgericht den Urteilsspruch: lebenslang wegen mehrfachen Mordes.

Der Fall des zweiten Killers, der ebenfalls lebenslänglich bekommen hat, ist aber weiterhin nicht abgeschlossen. Die Anwälte von Sebastiano Nirta haben nach seiner Verurteilung am Berufungsgericht von Reggio Calabria im Oktober 2019 den Fall beim Kassationsgericht eingebracht.

»Mafia? Nein danke!« betrachtet Laura Garavini heute ein wenig als ihr Kind, auch wenn die Politikerin inzwischen nur mehr als Ehrenpräsidentin fungiert. Aus dem ursprünglichen Verein wurde 2009 eine Bewegung. »Jetzt ist eine neue, jüngere Generation am Zug«, sagt die Gründerin, die 2015 vom deutschen Bundespräsidenten Joachim Gauck als »Brückenbauerin in Europa« ausgezeichnet worden ist. »Das derzeitige Ziel des Vereins ist nun: Er will sich als beobachtende Organisation etablieren, um die Aktivitäten der organisierten Kriminalität in Deutschland aufzuzeigen.« Und dabei arbeitet er eng mit ähnlichen Organisationen in anderen Ländern zusammen.

» Für mich ist es eine Form der Pflicht, gegen diesen Wahnsinn zu kämpfen. «

Die Investigativ-Journalistin

ALESSIA CANDITO

»Ich habe in verschiedenen Ländern und unter sehr unterschiedlichen Bedingungen gearbeitet, aber als ich in meine Stadt zurückkam, sah ich, dass die Lage durchaus mit einem Kriegsszenario vergleichbar war.«

Alessia Candito spricht direkt und ist es als Journalistin gewohnt, Gegebenheiten in wenigen Worten zusammenzufassen. Als sie nach jahrelanger Abwesenheit 2011 ihre Zelte erneut in Reggio Calabria aufschlug, sah sie sich mit einer Realität konfrontiert, die sie lange Zeit weit von sich weggeschoben hatte. Das Wiedereintauchen in ihre Welt war schmerzhaft und schockierend zugleich. Die malerisch an der Südspitze der Apenninenhalbinsel gelegene Stadt lebte in einer Art Ausnahmezustand. Und daran hat sich bis heute nichts geändert. »Auch jetzt bin ich noch überzeugt, dass meine Heimat der gefährlichste Ort ist, an dem ich je gearbeitet habe. Der Feind ist bekannt und heißt 'Ndrangheta. Die Frontlinie ist aber nicht erkennbar, denn sie ist nicht greifbar. So kann es sein, dass sich eine absolut unverdächtige Person als Verbündete eines Clans erweist. Daher weiß man nie, mit wem man es tatsächlich zu tun hat.«

Die Schlussfolgerung aus dieser bitteren Erkenntnis, sagt sie, war jedoch schnell gezogen: »Für mich ist es eine Form der Pflicht, gegen diesen Wahnsinn zu kämpfen.«

Alessia Candito kann hartnäckig und unerbittlich sein, wenn es um die Grundlagen menschlichen Zusammenlebens und Handelns geht. Die Ursache dafür ortet sie in ihrer Familie und den Werten, die ihr schon als Kind vermittelt wurden.

»Meine Mutter ist Ärztin und auch mein leider schon verstorbener Vater war Mediziner. Beide haben ihre Arbeit immer als Dienst an der Gemeinschaft gesehen.« Auch sie selbst mache ihre Arbeit als Chronikreporterin, wie sie sie am liebsten definiert, in der Hoffnung, den Menschen damit dienen zu können. Sie will aufzeigen und aufklären. »Ich bin fest überzeugt, dass man das, was rund um einen herum passiert, verstehen muss. Nur so erlangt man das nötige Rüstzeug, um für die eigenen Rechte kämpfen zu können.«

Doch nicht nur die Eltern sind prägend für ihren Lebensweg, auch der Großvater mütterlicherseits ist zu einer Leitfigur ihres Handelns geworden. »Ich bin die Enkelin eines Widerstandskämpfers«, sagt Alessia Candito, und man spürt deutlich den Respekt, den sie ihm zollt. »Er kämpfte im Zweiten Weltkrieg als Partisan gegen den Nazifaschismus und wurde von den deutschen Besatzern als politischer Gefangener in ein Konzentrationslager verschleppt.«

Menschen wie ihm, die ihr Leben riskierten, um diktatorische Regime zu stürzen, verdanke Italien seine 1948 geschaffene Verfassung, betont seine Enkelin. Allein deren erster Artikel sei bahnbrechend gewesen: »Italien ist eine demokratische, auf die Arbeit gegründete Republik. Die oberste Staatsgewalt gehört dem Volke, das sie in den Formen und innerhalb der Grenzen der Verfassung ausübt.« Das organisierte Verbrechen verleugne jedoch genau diese vom Staat garantierten Rechte, wird Alessia Candito nicht müde zu betonen. Es setze stattdessen seine eigenen Gesetze ein. Dagegen werde sie immer ihre Stimme erheben.

Als die 1982 geborene Journalistin sich wieder in Reggio Calabria niederlässt, hat die Stadt ein schwieriges Jahr hinter sich. Die 'Ndrangheta hatte dem Staat mit Sprengstoffanschlägen gezeigt, mit wem er es zu tun hatte. Anfang Januar 2010 explodierte vor dem Eingang der Generalstaatsanwaltschaft eine selbst gebastelte Bombe mit großer Sprengkraft. Die später ausgewerteten Aufnahmen von Videoüberwachungsanlagen zeigten zwei Personen mit Helm, die sich im Morgengrauen auf ihrem Motorrad dem Gebäude näherten. Kurz darauf flog die Bombe, die aus einer 20 Kilo schweren Gasflasche, Sprengpulver und einem Zünder bestand, in die Luft. Verletzt wurde wegen der frühen Stunde niemand, der damalige Oberstaatsanwalt von Reggio, Salvatore Di Landro, sprach jedoch von einer gravierenden Einschüchterungsaktion gegenüber den Justizbehörden der Stadt. Eine eindeutige Drohung, die auch den Staatspräsidenten im fernen Rom auf den Plan rief. Giorgio Napolitano drückte den Ermittlern seine große Wertschätzung aus und versicherte sie seiner Solidarität in ihrem beharrlichen Kampf gegen das organisierte Verbrechen.

Doch die Bombe war erst der Anfang eines nervenaufreibenden Tauziehens. Bald darauf erhielt Anti-Mafia-Staatsanwalt Giuseppe Lombardo einen Brief, in dem es hieß: »Sie werden wie Giovanni Falcone und Paolo Borsellino enden.« Dem Schreiben war eine Pistolenkugel beigelegt. Eine klassische Mafiawarnung. Als solche wurde auch ein weiterer

Bombenanschlag vor dem Privathaus des Oberstaatsanwalts interpretiert. Durch die Wucht der Explosion zerbrachen die Fensterscheiben der Wohnung, in der sich Salvatore Di Landro mit seiner Familie befand, sowie die der anliegenden Gebäude. Kurz zuvor war das Auto des Juristen beschädigt worden.

Für große allgemeine Verunsicherung sorgte aber vor allem ein aufsehenerregender Fund. Ein anonymes Telefonat hatte die Behörden im Vorfeld alarmiert. Bald darauf entdeckte die Polizei mitten in Reggio eine Bazooka, eine raketenangetriebene Panzerabwehrwaffe, wie sie in den Kriegen in Korea und in Vietnam eingesetzt worden war. Die Panzerfaust, die immer wieder bei 'Ndrangheta-Anschlägen verwendet wurde, sei offensichtlich in einem Auto vor dem Gerichtsgebäude abgelegt worden, um einen Staatsanwalt einzuschüchtern, hieß es in einer ersten Reaktion. Diesmal galt das Signal Giuseppe Pignatone, dem Chef der *Direzione distrettuale antimafia*. Diese unverhüllte Drohung löste eine umfassende Polizeiaktion aus, bei der 750 Sicherheitskräfte die Region durchkämmten. Gleichzeitig wurde der Ruf nach militärischem Schutz laut und 80 Soldaten einer auf Sizilien stationierten Brigade rückten in Reggio Calabria ein. Sie würden die Justizgebäude und die Mafiafahnder vor der Gewalt der 'Ndrangheta schützen.

»Die Lage war sehr, sehr angespannt«, beschreibt Alessia Candito die Stimmung. Da habe sie verstanden, dass es für sie keinen Sinn mache, über die Konflikte in der Welt zu berichten, wenn es gleichzeitig Konflikte vor ihrer eigenen Haustüre gebe. »Ich habe erkannt, dass die Gründe, warum ich weggegangen bin, dieselben waren, für die es wert war, zurückzukehren.«

Journalistin aus Berufung

Als der Zweite 'Ndrangheta-Krieg ausbricht, ist sie gerade drei Jahre alt. Bis zu ihrem neunten Lebensjahr sollten die bewaffneten Auseinandersetzungen um die Machtverteilung zwischen den Clans in Reggio dauern. An ihrem Ende 1991 stand nicht nur eine Neuaufteilung der Einflussbereiche der einzelnen Mafiafamilien, sondern auch eine erschreckende Bilanz: Zumindest 700 Menschen fielen den wechselseitigen Attentaten zum Opfer.

»Auch wenn ich damals noch ziemlich klein war, erinnere ich mich doch an viele schwierige Situationen«, sagt Alessia Candito, wenn sie über ihre etwas andere Kindheit nachdenkt. »In meinem Viertel wurde geschossen und ich konnte nicht einfach hinausgehen, um im Freien zu spielen.« Außerdem wurde jeder Kontakt mit anderen Kindern von den Eltern überprüft. »Wenn mich ein anderes Kind zu sich nach Hause einlud, um an einem Geburtstagsfest teilzunehmen oder um die Hausaufgaben gemeinsam zu machen, dann haben meine Eltern sich vorher genau informiert, wer die Familie war und welche Beziehungen sie hatte. Da habe ich schon mitbekommen, dass wir in außergewöhnlichen Umständen lebten.«

Bald spürte sie, dass sie aus Reggio wegmusste, um ihren Horizont zu erweitern. Und so packte sie mit 17 Jahren – gleich nach der Matura – ihre Koffer und ging zum Studium nach Rom. »Es war nicht leicht für meine Eltern, ihr einziges Kind gehen zu lassen, aber sie haben mich immer unterstützt«, auch dann, sagt sie, als sie dank eines Erasmus-Stipendiums nach Madrid ging und von dort nach Venezuela.

»Das Land hatte einen ganz anderen Weg eingeschlagen als andere Staaten in Südamerika und mich interessierte, was dort tatsächlich passierte. Denn das Bild, das ich beim Lesen latein-amerikanischer Medien vermittelt bekam, war ganz anders als jenes, das die europäischen Medien zeichneten.« Der Aufenthalt in Venezuela wurde für die Studentin, die ihre Diplomarbeit über die »Bolivarische Revolution« von Staatspräsident Hugo Chávez schrieb, zur journalistischen Versuchsstation. Sie entdeckte die Faszination der Chronikberichterstattung und erkannte dadurch ihre wahre journalistische Berufung. »Ich wollte immer nahe am Menschen sein und die Entwicklungen in der Gesellschaft von innen heraus beleuchten. Das war meine Welt.«

Alessia Candito begann in Caracas auf der Straße zu recherchieren, »die einzige Möglichkeit, um über Chronikereignisse schreiben zu können«. Sie sprach mit den Menschen, ging zu ihnen nach Hause, baute Vertrauensverhältnisse auf und verglich das Gehörte und Gesehene mit den offiziell zirkulierenden Informationen. »Ich habe entdeckt, dass ich eine sehr aufmerksame Beobachterin bin. Eine Eigenschaft, die in meinem Beruf von großem Vorteil ist.«

Von dort zum investigativen Journalismus war es dann nicht mehr weit. Eines Tages fielen ihr in den Armenvierteln der venezolanischen Hauptstadt »sonderbare Dinge« auf. Bald darauf kam sie einem straff organisierten Prostitutionsring auf die Spur, der ausschließlich männliche Jugendliche vermittelte. Einige dieser jungen Männer hatten Vertrauen zu ihr gefasst und erzählten dramatische Geschichten von Ausbeutung und Gewalt, die alle einen gemeinsamen Nenner hatten: Die minderjährigen Strichjungen stammten ohne Ausnahme aus elenden sozialen Verhältnissen und wurden reichen Männern in ihren schicken und teuren Bezirken zugeführt.

Alessia Candito ließ sich trotz großer Schwierigkeiten nicht davon abhalten, einen genaueren Blick hinter die glitzernde Fassade dieser korrupten Oberschicht zu riskieren. Sie führte ihre erste große Reportage zu Ende. Erst später realisierte sie, dass ihre Beharrlichkeit sie in große Gefahr gebracht hatte. Man hätte sie auch verschwinden lassen können, sagt sie heute, überzeugt davon, dass ihre jugendliche Unbedarftheit sie bei ihrem Alleingang geschützt habe. Derselbe Schutzengel stand ihr wohl auch Jahre später bei ihrer Arbeit im Nahen Osten bei. Angst, sagt sie, kannte sie damals nicht.

Im Schussfeld der Clans

Das sollte sich jedoch ändern, als sie nach insgesamt elf Jahren Abwesenheit in Kalabrien zu recherchieren beginnt. »Da hatte ich das erste Mal wirklich Angst, meine Arbeit zu tun.«

Auch in Reggio agiert sie meist allein. Sie verfolgt die Ermittlungen der Behörden sowie die Berichte der Medien und hört sich auf der Straße um. Manchmal vertraut sie auch einfach nur ihrem Bauchgefühl, um dann zu entscheiden, ob und in welchem Fall sie auf eigene Faust recherchieren wird.

Eine dieser Geschichten spielte sich rund um Reggios beeindruckende Uferpromenade ab. Der berühmte *lungomare* mit seinem einzigartigen Blick auf das fast zum Greifen nahe gelegene Sizilien und seinen Vulkan Ätna zieht nicht nur Touristen an, sondern ist auch das Zentrum des städtischen Nachtlebens. An diesem Küstenstreifen, den der Dichter Gabriele d'Annunzio vor über hundert Jahren als schönsten Kilometer Italiens bezeichnet haben soll, gibt es viele Strandbäder. Untertags sind sie für Sonnenanbeter und Meeresliebhaber geöffnet, am Abend

Auch jetzt bin ich noch überzeugt, dass meine Heimat

der gefährlichste Ort ist, an dem ich je gearbeitet habe.

ALESSIA CANDITO

verwandeln sie sich in hippe Diskotheken. Und genau hier kam es 2015 zu »eigenartigen Schlägereien und Überfällen«. Regelmäßig tauchten Gruppen von jungen Männern auf und schlugen alles kurz und klein. Besitzer wie Gäste wurden verprügelt, Angestellte an Leib und Leben bedroht sowie sämtliche Anwesenden eingeschüchtert. Dann verschwanden die Schlägertrupps wieder, »und das meist ohne irgendetwas mitzunehmen. Die Kassen mit den Einnahmen blieben merkwürdigerweise ungeöffnet zurück.« Es ging offensichtlich nicht um Diebstahl. Aber wie so oft in der Geschichte der Stadt herrschte auch diesmal das Gesetz der *omertà*. Ein Mantel des Schweigens legte sich über die einen ganzen Sommer lang andauernden Vorfälle.

Nur eine wollte nicht mundtot gemacht werden. Alessia Candito sah sich die Übergriffe genauer an, die für sie alle Merkmale einer »Strafaktion« hatten. »Ich habe begonnen, nachzufragen; habe die Vorkommnisse so lange rekonstruiert, bis ich verstanden habe, wer die Schlägertrupps waren.« Es waren Schergen der 'Ndrangheta-Clans aus dem an der nördlichen Peripherie der Stadt gelegenen Viertel Archi. Von dort aus operiert einer der einflussreichsten Clans der kalabrischen Mafia, die Familie Tegano, einer der Hauptakteure im Zweiten 'Ndrangheta-Krieg. Die Liste ihrer kriminellen Aktivitäten ist lang und geht vom Drogen- und Waffenhandel, von Geldwäsche und Glücksspiel bis hin zur Entsorgung von Giftmüll.

Jahrzehntelang konnte die Familie ungehindert ihre Macht ausüben, doch im Frühjahr 2010 war der Polizei ein spektakulärer Schlag gelungen: Der seit 17 Jahren flüchtige Boss Giovanni Tegano konnte mit weiteren Clanmitgliedern verhaftet werden. Ein kriminelles Schwergewicht, das vom italienischen Innenministerium auf der Liste der 30 gefährlichsten gesuchten

Verbrecher geführt wurde. Zur Überstellung des 70-jährigen Bosses ins Gefängnis fand sich vor dem Polizeigebäude eine riesige Menschenmenge ein. Seine Anhänger applaudierten »dem Mann des Friedens«, wie sie ihn lautstark bezeichneten, und beschimpften die Sicherheitsbehörden.

Giovanni Tegano gehört der »alten Garde« der 'Ndrangheta an. Nach seiner Verhaftung und der weiterer Verbündeter wurden die Sphären der Macht langsam neu verteilt, sagt Alessia Candito. Jüngere begannen ihren Platz im organisierten Verbrechen der Stadt zu beanspruchen und die ganze Szene kam in Aufruhr. Die Störung des Nachtlebens an der Uferpromenade war ein Teil dieses Machtgerangels, konnte sie mühsam rekonstruieren. »Es gab Reibungen innerhalb des Clans. Einige junge Sprösslinge machten ihre Gebietsansprüche mit Gewalt deutlich.«

In den Artikeln, die die junge Journalistin für den *Corriere della Calabria*, aber auch für das Wochenmagazin *L'Espresso* schrieb, fügte sie wie in einem Puzzle ein Element zum anderen. Dabei entdeckte sie verschiedene Ebenen. Es ging um Drogen und die Gefahr, dass ein neuer Mafiakrieg ausbrechen könnte. Es ging um die Verstrickung zwischen den Clans und den Unternehmern der Stadt. Aber Alessia Candito stieß auch auf einen bisher unbekannten Aspekt, der das besondere Interesse der Ermittler hervorrief: illegale Online-Wetten und Glücksspiele, in die auch der Tegano-Clan involviert war. Ein Milliardengeschäft, wie sich bald herausstellen sollte. Die Clans aus Reggio hatten ein komplexes und schwer nachzuweisendes System von Sportwetten aufgezogen. Dadurch nahmen sie nicht nur Riesensummen ein, sie konnten gleichzeitig große Mengen an Geld reinwaschen. Erste Ermittlungen der Justiz führten 2015 zur *Operazione Gambling* und damit zur Verhaftung von 41 Personen sowie zur Beschlagnahme von Gütern und Unternehmen im Wert von zwei Milliarden Euro. Gleichzeitig wurden Immobilien konfisziert, 1500 Wettstellen geschlossen und 82 italienische wie internationale Webseiten mit Online-Wetten gesperrt.

Alessia Candito hatte mit ihren Artikeln also in ein Wespennest gestochen. Und die Reaktion ließ nicht lange auf sich warten. »Ich war ins Schussfeld des Clans geraten«, sagt die Journalistin heute lapidar. Sie erhielt Drohungen und zeigte diese gemeinsam mit einer Reihe verschiedener Vorkommnisse bei der Polizei an. »Es war zu einigen Vorfällen gekommen. Eine Reihe kleinerer Eigentumsbeschädigungen, die nicht mehr zufällig sein konnten.« Kurz darauf wurde sie selbst ins Polizeihauptquartier gerufen. »Dort erhielt ich die Mitteilung, dass ich Polizeischutz erhalten sollte. In Italien gibt es verschiedene Formen, je nach Grad der Bedrohung. Bei mir hieß das unter anderem, dass Polizeistreifen die Straße, in der ich wohne, und mein Haus öfter kontrollierten. Die Botschaft war klar: Ich war nicht allein.« Weitere Fragen dazu wehrt sie ab. Sie könne die heute übliche Selbstinszenierung nicht leiden, sagt sie, die besonders im Journalismus überhandnehme. Sie rede lieber über ihre Arbeit und nicht über ihre Person.

Die immer wieder aufkeimende Angst hat ihre Arbeit aber nicht beeinträchtigt. Im Gegenteil. Sie fühlte sich in ihren journalistischen Recherchen bestätigt und angetrieben. Die italienische Justiz, allen voran Staatsanwalt Giuseppe Lombardo, hatte in der Zwischenzeit internationale Ermittlungen eingeleitet, die ein dichtes Geflecht an kriminellen Verbindungen aufzeigten. Auch das geografische Zentrum dieser Aktivitäten, die sich um illegales Glücksspiel sowie Online-Wetten drehten, wurde ausgemacht. Das »strategische und finanzielle Herz des Wettgeschäftes der 'Ndrangheta-Familien« lag in Malta und eine der Schlüsselfiguren war ein Mitglied des Tegano-Clans.

Drei Jahre nach der *Operazione Gambling* konnten die italienischen Ermittler gemeinsam mit Kollegen aus mehreren Ländern erneut zuschlagen. Das ursprünglich erfasste Bild hatte sich erhärtet und erweitert. Die Ermittlungen betrafen inzwischen auch die sizilianische und die apulische Mafia und sie erstreckten sich über mehrere Staaten, darunter Spanien, die Niederlande, Serbien, aber auch die Schweiz und Österreich.

Im November 2018 konnte Alessia Candito daher erneut einen Artikel über die Wettmafia verfassen: »Clans kontrollieren Wettgeschäfte im Wert von 4,5 Milliarden Euro.« Für 68 Personen – Mafiamitglieder, Strohmänner und Unternehmer wie Inhaber von Informatikgesellschaften, die für den Betrieb von Wettportalen zuständig sind – klickten diesmal die Handschellen. Der Wert der konfiszierten Bankkonten und Immobilien lag bei einer Milliarde Euro. Auch fünf Wohnungen in Wien und Innsbruck waren darunter.

Der Erwerb von Immobilien und Unternehmen, stellt die Polizei einmal mehr klar, ermöglicht es den kriminellen Organisationen, die illegalen Wetteinnahmen perfekt reinzuwaschen. Und noch etwas geht aus diesen Ermittlungen eindeutig hervor: Auch einst verfeindete Clans und Organisationen arbeiten problemlos zusammen, wenn es um Profit geht. Experten schätzen, dass der weltweite Umsatz der 'Ndrangheta, der reichsten und gefährlichsten italienischen Mafia, zwischen 50 und 100 Milliarden Euro pro Jahr beträgt.

Marienwallfahrt der Mafiabosse

Themen gibt es für die unermüdlich recherchierende Journalistin in ihrer Heimatregion also wie Sand am Meer. Wo immer sie hinblicke, irgendwie komme sie immer wieder auf das organisierte Verbrechen, sagt sie. »Das Problem bei uns ist die Quantität. In Reggio Calabria können wir von mindestens 40 Prozent Mitgliedern ausgehen. Dazu kommen viele, viele Menschen, die mit diesen 40 Prozent in engem Zusammenhang stehen, und wiederum ein gutes Stück der Gesellschaft tut, als würden sie das alles nicht sehen. Nur eine ganz kleine Minderheit kämpft gegen die 'Ndrangheta an.«

Selbst dort, wo per Definition die Abgrenzung zu Tod und Verbrechen klar sein sollte, fehle es jedoch oft an Einsicht, fügt Alessia Candito hinzu und weist auf eine andere Facette der Problematik hin.

Im Januar 2014 erschüttert ein besonders barbarisches Verbrechen die Öffentlichkeit. Bei einem Anschlag auf ein Fahrzeug wird auch ein dreijähriger Bub getötet. Sein verkohlter Leichnam liegt neben denen seines Großvaters und dessen Geliebter. Ein Racheakt zwischen rivalisierenden Clans, urteilen schon kurz darauf die Ermittler, und ganz Italien reagiert mit Entsetzen und Empörung.

»Man kann nicht von einem bestialischen Verhalten sprechen, denn damit würde man die Tiere beleidigen«, sagt der Bischof von Cassano all'Ionio, Nunzio Galantino, während seiner Traueransprache vor dem ausgebrannten Wagen unter Schock. Auch der Papst in Rom ist erschüttert, als er die Nachricht erfährt. Er hebt die Grausamkeit der Täter hervor, die nicht einmal vor einem kleinen Kind zurückschrecken. Wenige Monate später, bei seinem ersten Besuch in Kalabrien, verwendet Franziskus klare

Worte. »Die 'Ndrangheta ist die Vergötterung des Bösen und die Ablehnung des Gemeinwohls. Dieses Übel muss bekämpft werden«, sagt Franziskus in seiner Predigt vor 200.000 Menschen und fügt hinzu: »Wer wie die Mitglieder der Mafia die Straße des Guten verlassen hat, ist nicht im Einklang mit Gott. Sie sind exkommuniziert.« Mafia und Christentum sind also unvereinbar.

Doch vor Ort, beklagt Alessia Candito, sei vieles anders. Immer wieder gebe es Geistliche in Kalabrien, die die Linie des Papstes nicht lebten. Etliche Priester distanzieren sich nicht von der Pseudoreligiosität der Clanmitglieder, sagt sie, und das habe sich auch bereits zwei Wochen nach der scharfen Verurteilung der 'Ndrangheta durch Franziskus gezeigt.

Wie jedes Jahr findet auch in diesem Sommer in Oppido Mamertina eine Marienwallfahrt statt. Angeführt werden diese für den Süden so typischen Prozessionen traditionsgemäß von Vertretern der Gemeinde und der Kirche. So auch in diesem 5000-Seelen-Ort in der Provinz Reggio. Getragen wird der Aufsatz mit der prächtig geschmückten Madonnenstatue von rund zwei Dutzend Männern. Eine Ehre, die nur ausgewählten Bürgern vorbehalten ist. Doch diesmal gerät der Umzug zu einem Eklat, der in ganz Italien diskutiert wird.

Denn plötzlich halten die Träger vor dem Haus eines zu lebenslanger Haft verurteilten 'Ndrangheta-Bosses an und erweisen ihm eine Ehrenbezeugung. Sie verneigen sich vor dem 82-jährigen Peppe Mazzagatti, der sich aus gesundheitlichen Gründen in Hausarrest befindet. Und mit ihnen verneigt sich die Madonnenstatue vor dem Kriminellen. Eine Ehrerbietung, die selbst den Innenminister in Rom beschäftigen wird. Angelino Alfano spricht von einer verwerflichen Geste und auch die katholischen Bischöfe des Landes sprechen von der Entwürdigung der

Prozession, um jemanden zu ehren, der sich schuldig gemacht habe.

»Die Muttergottes verneigt sich nicht vor Mafiosi«, betont auch Nunzio Galantino in seiner Funktion als Generalsekretär der italienischen Bischofskonferenz. Harsche Kritik gibt es auch an den bei der Prozession anwesenden Priestern. »Man muss in solchen Fällen den Mut haben, eine Prozession zu stoppen«, unterstreicht der kalabrische Erzbischof Salvatore Nunnari und verurteilt scharf, dass die Geistlichen den Umzug nicht sofort verlassen hätten. Dies sei ein Rückschlag im kirchlichen Kampf gegen die Mafia.

Die Kirche, unterstreicht Alessia Candito, hat in ihren Reihen einige Mafiaopfer zu beklagen, aber trotzdem gebe es in Kalabrien noch viel zu tun. Sie selbst hat sich daher immer wieder mit einem ganz besonderen Ort befasst: dem Wallfahrtsort Polsi, ein von vielen Legenden umwobenes, im Herzen des Aspromonte-Gebirges gelegenes Marienheiligtum. Keine Legende ist die Bedeutung des Ortes für die kalabrische Mafia. Die Marienkirche ist seit jeher ein Versammlungsort für die Spitzen der 'Ndrangheta. Regelmäßig treffen hier die großen Bosse zusammen, um im Schatten der Bergmadonna Abkommen und Geschäfte auszuhandeln. Ein Fixpunkt dabei ist das jährliche Marienfest Anfang September, das Gläubige und Mafiamitglieder in großer Zahl anlockt.

2009 machen die Anti-Mafia-Jäger im Rahmen dieser Feierlichkeiten ungeahnte Entdeckungen. Dank eines Lauschangriffes dringen sie in höchste kriminelle Kreise vor. Sie hören Gespräche ab und erfahren, dass der fast 80-jährige Domenico Oppedisano zum *capo crimine* ernannt wird. Ein den Behörden so gut wie unbekannter alter Mann nimmt damit eine der wichtigsten

Rollen in der kalabrischen Mafia ein. Die sofort anlaufenden Ermittlungen dauern fast ein Jahr, dann schlägt die Polizei zu. Die Aktion gilt als eine der größten Razzien aller Zeiten gegen die 'Ndrangheta und führt zur Verhaftung des Superbosses und weiterer 300 Personen. Ihnen werden unter anderem Morde, Waffen- und Drogenhandel, Wucher und Erpressung vorgeworfen. Mehr als 3000 Einsatzkräfte sind bei dieser *Crimine* genannten Aktion in ganz Italien wie auch im Ausland im Einsatz. Das italienische Parlament begrüßt die Festnahme des Bosses Oppedisano mit Applaus.

Der geistliche Vater von Santa Maria di Polsi war über Jahrzehnte Don Pino Strangio, sagt Alessia Candito. Als Hausherr der Wallfahrtskirche, die als spirituelles Zentrum der 'Ndrangheta in aller Welt gilt, habe er eine ganz besondere Position innegehabt. So fuhr er 2007 nach Deutschland und hielt in Duisburg für die Opfer des Mafiaanschlags eine Messe.

Doch 2016 gerät der umtriebige Geistliche selbst ins Zentrum von Ermittlungen. Er steht im Verdacht, der Mafia oder einer der Mafia nahen Geheimorganisation anzugehören. Auch wenn er kein offizielles Mitglied ist, habe er doch kraft seines Ansehens als Bindeglied zwischen den Clans fungiert und damit die Organisation gestärkt, kommen die ermittelnden Behörden zum Schluss. Stoff für Alessia Candito, die seit Jahren über den Fall des charismatischen und umstrittenen Priesters schreibt, der sich »vieler guter Beziehungen« erfreut und »mit jenen verwandtschaftlich verbunden ist, die in Duisburg das blutverschmierte Gesicht der 'Ndrangheta zeigten.«

Kritik übt sie auch an der Reaktion der lokalen Kirche. Nach der Anklageerhebung gegen Don Pino sei er zwar von Polsi abgezogen worden, seine Funktion als Pfarrer des nahe gelegenen San

Luca konnte er jedoch behalten. San Luca ist jener Ort, von dem aus die 'Ndrangheta sich in der ganzen Welt verbreitet hat und aus dem auch die Mörder von Duisburg stammten.

Der Kampf für die Wahrheit

»Immer wieder hat Don Pino von der Kanzel gegen Juristen, Polizisten und Journalisten gewettert und sich wegen seines Namens als Opfer geriert«, schreibt Alessia Candito. »Mögen sie doch einen *maresciallo* schicken, um zu predigen«, wenn es ihnen nicht passe, zitiert sie ihn einmal und wird prompt vom Anwalt des Geistlichen mit Klage bedroht. Immer wieder wird sie vor Gericht gezerrt und sowohl zivil- als auch strafrechtlich belangt. Egal, ob sie über seine Einflussnahme bei diversen Wahlkämpfen oder seine Treffen mit den Spitzen der Clans schreibt, sie bekommt Post von seinem Rechtsbeistand. Wenn sie darüber schreibt, wie Don Pino die Anordnungen der Behörden ignoriert, Mafiamitgliedern kein öffentliches Begräbnis zu gestatten, um »Versammlungen« zu unterbinden – sie wird der Unwahrheit bezichtigt. Und auch wenn sie die von ihm losgetretenen Schmutzkübelkampagnen gegen die Staatsanwälte von Reggio zum Thema macht – sie bekommt die Rechnung präsentiert.

»Sie forderten Schadenersatz von mir. Tausende Euro. Aber sie haben bisher immer verloren.« »Die Klagen«, sagt Alessia Candito, »sind ein typisches Druckmittel, um uns junge Journalisten einzuschüchtern. Sie selbst haben Topanwälte und genug Geld, so versuchen sie uns auf diese Weise zum Schweigen zu bringen.«

Spätestens dann verstehe man, wie die kalabrische Mafia funktioniere. »Es gibt eine sichtbare und eine unsichtbare 'Ndrangheta«, wird Alessia Candito nicht müde zu betonen.

»Einen militärischen Zweig, der tötet, aber auch einen bürgerlichen, der dadurch in Ruhe seine kriminellen Geschäfte abwickeln kann. Und dieser unsichtbare Teil ist der viel gefährlichere.« Das seien Leute, die sich selbst die Hände nicht schmutzig machen und gegen die man nur sehr schwer Beweise finde. »Hier liegt jedoch der Knoten, der die Geschicke Italiens beeinflusst hat.«

Jeder, der in Kalabrien über diese Wahrheit berichte, mutiere automatisch zum Feind, sagt sie mit Bitterkeit. »Die Menschen betrachten die, die die Dinge beschreiben, wie sie sind, als Nestbeschmutzer.« Nicht die Mafia störe, sagt sie mit Zorn, sondern die Aufdecker seien die Störenfriede. »Sie verseuchen unser wunderschönes Meer mit Giftmüll. Sie haben null Gewissen. Bei einer Abhöraktion hörte man einen Kriminellen sagen: ›Die Verschmutzung kann uns egal sein, wir machen unseren Badeurlaub ja sowieso in Monte Carlo.‹ Aber wir, die wir darüber schreiben, sind für die Leute die Feinde.«

Sie sei oft müde, sagt sie dann unvermittelt. Immer dann, wenn sie merke, »wie allein sie in dieser Gesellschaft ist«, und gleichzeitig die Angst der Familie und der Freunde sehe. Aus diesem Gefühl heraus will sie auch keine fixe Partnerschaft eingehen. Ihr Leben sei anderen nicht zumutbar, fügt sie etwas nachdenklich hinzu. Es wäre nicht richtig, jemanden in diesen Wahnsinn hineinzuziehen. Manchmal träumt sie aber von ruhigeren Zeiten. Zeiten mit jemandem an ihrer Seite, einem netten Urlaub und weniger Druck. Aber dann verwirft sie alles sofort wieder – und denkt bereits an die nächste Geschichte, die unbedingt recherchiert werden muss. Oder an ein neues Buch. Ihr erstes über den Einfluss der 'Ndrangheta im Norden Italiens sei gut aufgenommen worden.

Ein Grund mehr, nicht lockerzulassen.

» Alles, woran ich geglaubt hatte, war mit einem Mal zerstört. «

Die Bürgermeisterin

CAROLINA GIRASOLE

Es liegt Spannung in der Luft an diesem Nachmittag. Und große Nervosität. Werden sie es schaffen oder müssen sie am Ende doch ihre Träume begraben? Immerhin ist die 44-jährige Spitzenkandidatin eine politische Quereinsteigerin und damit ein Unsicherheitsfaktor. Carolina Girasole starrt mit ihren engsten Mitstreitern gebannt auf den Fernsehschirm, über den die jeweils jüngsten Auszählungsergebnisse der Kommunalwahlen in Kalabrien laufen. Sie lässt noch einmal Revue passieren, wie es überhaupt zu diesem aufregenden Nachmittag kommen konnte.

Freunde sind eines Tages ganz unvermittelt an sie herangetreten. Ohne große Umschweife haben sie ihr ihr Anliegen unterbreitet: Carolina Girasole solle bei den kommenden Wahlen für das Bürgermeisteramt ihres Heimatortes kandidieren.

Sie schmunzelt, als sie an diese Szene zurückdenkt, denn ihre Antwort war genauso direkt und eindeutig wie die Anfrage. Es war ein klares Nein. Sie sei Biologin, habe ein eigenes Labor und keinerlei Intentionen, sich politisch zu betätigen. Und noch etwas machte sie ihnen deutlich: Sie habe Angst vor so einem alles verändernden Schritt. Die Freunde ließen sich jedoch nicht abschütteln und appellierten regelmäßig an ihre Verantwortung als Staatsbürgerin. Es sei die Zeit gekommen, sich für die Gemeinschaft zu engagieren.

Während sie an diesem 14. April 2008 auf die Ergebnisse wartet, sieht sie ihre Familie vor sich, mit der sie sich im Vorfeld lange und intensiv beraten hat. Ihre beiden heranwachsenden Töchter, für die sie eine bessere Zukunft will, ihren Mann, der immer an ihrer Seite ist, und ihren Vater, der absolut gegen ihr Eintreten in die Politik war. Zu oft habe er als Unternehmer Einschüchterungen und Drohungen erfahren, schärfte er seiner Tochter immer wieder ein. Mit allen Mitteln versuchte er sie von dieser so einschneidenden Entscheidung abzuhalten. Aber letztlich, sagt sie, waren es auch die schmerzlichen Erinnerungen an ihre von Mafiagewalt geprägte Kindheit und Jugend in Isola di Capo Rizzuto, die sie in ihren Überlegungen bestärkten. So gewannen am Ende einer langen Reflexionsphase die Stimmen der Freunde die Oberhand. Carolina Girasole nahm die Herausforderung an und ging mit einer Bürgerliste für das Mitte-links-Bündnis ins Rennen. »Ja, hier wollen wir leben«, war das Motto ihres Wahlkampfs. Niemand sollte mehr aus Isola di Capo Rizzuto fliehen, weil er Angst hatte. Niemand sollte mehr weggehen, weil es in der Gemeinde mit knapp über 15.000 Einwohnern keine Zukunftsperspektiven gab.

Als endlich das Endergebnis auf dem Fernsehschirm erscheint, ist die Zitterpartie zu Ende und alle Bedenken scheinen plötzlich wie weggeblasen. Die Bürgerliste »Girasole Bürgermeisterin« erreicht 40,1 Prozent der Stimmen bei einer Wahlbeteiligung von 80 Prozent und erhält damit 13 von insgesamt 21 Mandaten. »Ich war überglücklich. Ich war die erste Frau in der Geschichte meiner kleinen Stadt, die zur Bürgermeisterin gewählt worden ist. Das hat mich und meine Mitarbeiter stolz und glücklich gemacht«, sagt Carolina Girasole, wenn sie sich diese Momente ins Gedächtnis zurückruft. Fünf Jahre lang wird sie dieses Amt innehaben.

Sie haben einen einfachen, aber guten und effizienten Wahlkampf gemacht, ist sich das Team angesichts der Zahlen einig. Und sie glauben auch den Grund für den Erfolg zu kennen: Sie haben die Bürger und vor allem die Bürgerinnen in ihre diversen Aktivitäten stark eingebunden. So sind es nun besonders die Frauen, die Carolina Girasole an diesem Freudentag zu ihrem guten Abschneiden gratulieren.

Doch fast unmittelbar nach diesem allgemeinen Siegestaumel zeigt sich, dass nicht alles eitel Wonne ist. Wie ein böses Omen gestaltet sich der Einzug der frisch gewählten Bürgermeisterin in das Gemeindeamt. Viele der Gemeindebediensteten bringen ihre Ablehnung der neuen Chefin gegenüber symbolträchtig zum Ausdruck. Sie schließen demonstrativ Türen und Fenster und verschanzen sich in ihren Räumen. »Die Botschaft war unmissverständlich. Sie wollten mit mir nichts zu tun zu haben.« Nur wenige Angestellte kommen, um sie zu begrüßen. »Die Frontlinie war damit genau festgelegt.«

Die erste Herausforderung lässt nicht lange auf sich warten. »Es war nicht einfach, den Gemeinderat zusammenzustellen, denn ich wollte nicht automatisch den bisherigen Bestellungskriterien folgen. Mein Anliegen war es, die Posten der Stadträte nach Kompetenzen und Fachwissen zu vergeben. Das hat sofort zu heftigen Diskussionen und Streitereien geführt.«

Carolina Girasole stellt ein seit langer Zeit eingespieltes System in Frage. Als bei der ersten Gemeinderatssitzung das

Thema Mafia auftaucht, kommt es zu einem Eklat. Die Bürgermeisterin beschließt etwas noch nie Dagewesenes: Ab sofort wird die Gemeinde bei jedem Mafiaprozess als Nebenklägerin – und damit als Geschädigte – auftreten. »Die 'Ndrangheta ist bei uns seit Langem präsent. Als ich 2008 mein Amt antrat, zählten wir bereits Dutzende Mafiatote. Außerdem hatte es einige Strafprozesse gegeben, die die Präsenz der Clans eindeutig bewiesen. Doch kein Bürgermeister hat jemals die damit verbundenen Schäden eingeklagt«, erklärt Carolina Girasole ihre damaligen Beweggründe für diesen ungewöhnlichen Schritt, der seither mehrfach in die Praxis umgesetzt wurde.

Die erste Amtshandlung der neuen Stadtregierung setzt einen Meilenstein. »Wir haben mit unserem Beschluss verlangt, dass die von der 'Ndrangheta verursachten Schäden beziffert werden. Dann sollte die Gemeinde dafür entschädigt werden. Das hat hier sehr viel Staub aufgewirbelt.«

Das missbrauchte Paradies

Isola di Capo Rizzuto ist ein wundervoller Ort, davon ist Carolina Girasole trotz allem auch heute überzeugt. Ein Ort, der alle Eigenschaften hätte, um sich die Bezeichnung Paradies zu verdienen.

Die am Ionischen Meer gelegene Kleinstadt verfügt über einen 40 Kilometer langen Küstenstreifen, der zu Italiens größtem Meeresschutzgebiet gehört. Viele kleine Buchten laden mit ihrem kristallklaren Wasser zum Schwimmen und Tauchen ein. Hotels und Feriensiedlungen locken an Natur und Geschichte interessierte Touristen von Mai bis Oktober an. Das bekannteste Fotomotiv der Stadt zeigt eine imposante, auf einer kleinen Insel mitten im Wasser liegende Burg: das bekannte »Aragonesische Kastell«. Bei Ebbe kann die immer wieder für Film- und Werbeaufnahmen verwendete Festung dank eines schmalen Landstegs auch zu Fuß erreicht werden. Von der glorreichen Vergangenheit unter den antiken Griechen zeugt heute allerdings nur mehr eine Säule des etwas außerhalb gelegenen Tempels der Hera Lacinia. Sie ist ebenfalls ein beliebtes Motiv für Schnappschüsse. Naturliebhaber wiederum können ihre Leidenschaft mit Tauchgängen und Schnorchelexkursionen auch unter Wasser ausleben und dabei viel über die lokalen Meeresbewohner und die damit verbundene Pflanzenwelt lernen. Mit etwas Glück kann man sogar Delphinen und Schildkröten begegnen.

»Der Tourismus ist ein wichtiger Faktor für die Gemeinde, so wie das Handwerk und die Landwirtschaft«, sagt Carolina Girasole. Das bekannteste landwirtschaftliche Produkt hier ist der von Feinschmeckern sehr begehrte Fenchel. Das sogenannte »Gold von Capo Rizzuto« wurde mit dem DOP-Siegel ausgezeichnet, dem Siegel für Produkte mit geschützter Herkunftsbezeichnung, und erfreut sich wegen seiner Zartheit und seines Aromas auch außerhalb Italiens großer Beliebtheit. »Wir könnten ein wunderbares Leben führen«, lacht Carolina Girasole ein trauriges Lächeln, »denn die Natur hier ist unglaublich verschwenderisch!« Doch im Lauf der Zeit haben sich »einige Wenige der Dinge bemächtigt«, fügt sie hinzu. »Und die Allgemeinheit darf sich mit Brosamen begnügen.«

Die »Wenigen«, die hier in Isola di Capo Rizzuto den Ton angeben, das ist vor allem die Familie Arena. Schon 1993 bringt die *Operazione Delta* etliche Clanmitglieder hinter Gitter und deckt Verbindungen der 'Ndrangheta zur sizilianischen Cosa

Nostra auf. Drei Jahre später wird Nicola Arena, das Oberhaupt der *'ndrina,* der Familie, verhaftet. Ihre Expansion behindert das nicht. Nach der Jahrtausendwende lassen sie sich in der Lombardei und der Emilia Romagna nieder. 2008 geraten sie landesweit in die Schlagzeilen, weil eine Einflussnahme der kalabrischen Mafia bei der Ausrichtung der EXPO 2015, der Weltausstellung in Mailand, vermutet wird. Die Liste der Anklagepunkte in den vielen Prozessen, in denen sich Mitglieder des Clans der Arena wiederfinden, ist lang: Drogen, Waffenhandel, Mord, Erpressung, Korruption, Glücksspiel, Unterwanderung der öffentlichen Verwaltung und vieles mehr. Und obwohl die Familie inzwischen auch verstärkt im Ausland tätig ist, bleibt sie ihrem Heimatort weiterhin fest verbunden. Der Clan ist omnipräsent, und wenn er es für notwendig erachtet, verteidigt er seine Interessen mit blanker Gewalt.

In Isola di Capo Rizzuto läuft daher vieles anders. »Das ist mir besonders klar geworden, als ich in die Gemeindeakten Einsicht bekam. Und ich sah auch, dass zu den wichtigsten Wirtschaftsfaktoren bei uns auch ein großer Windpark und eines der größten Flüchtlingszentren Europas, das Sant'Anna, zählten.«

Beide werden im Lauf der Zeit Gegenstand von Ermittlungen. Und Carolina Girasole selbst gerät während ihrer Amtsführung in einen offenen Konflikt mit den Betreibern des Aufnahmelagers.

Der Kampf um konfiszierte Mafiagüter

Die neue Bürgermeisterin stellt ihre Amtszeit von Beginn an unter das Motto »Einsatz für die Legalität« und wird von den

Medien schon bald zur »Anti-Mafia-Ikone« gekürt. Eine zwei-schneidige Auszeichnung, weil sie den Kontrast vor Ort unter-streicht und ihre Arbeit damit nicht unbedingt leichter macht. »Die Leute wollen nicht über die 'Ndrangheta sprechen. Als ich sah, wie hartnäckig die Menschen sich weigerten, über bestimmte Personen und Dinge zu reden, da habe ich erst richtig verstanden, wie sehr ihr Leben von der Präsenz der Mafia beeinflusst ist.« Wer sich nicht an dieses ungeschriebene Gesetz des Wegschauens und Schweigens hält, wird langsam und systematisch isoliert. Vor allem Carolina Girasoles direkte Sprache stört in diesem historisch gewachsenen Klima aus *omertà*, falscher Diskretion und verklausulierter Symbolik.

»Meine Leute und ich wurden offen angegriffen. Im Lauf der Zeit gab es viele verschiedene Einschüchterungsversuche: Todesdrohungen, abgefackelte Autos und anonyme Briefe. Wir wurden aber vor allem regelrecht ausgegrenzt. Richtig geächtet. Niemand wollte mit dem, was wir sagten und taten, in Verbin-dung gebracht werden.«

Ihre Gegner versuchen ihr mit allen Mitteln zu schaden. So taucht plötzlich ein anonymer Blog auf, dessen einziges Thema die Bürgermeisterin ist. Sie wird darin verhöhnt und verleumdet: »Eine tägliche Schmutzkübelkampagne, die aber sehr professionell aufgezogen war.« Erst viel später zeigt sich die Beziehung des Blogbetreibers zu Mitgliedern des Clans, die die Inhalte steuerten. Sie bestimmten, was veröffentlicht wurde und was nicht.

Ein Schwerpunkt ihrer Amtszeit als Bürgermeisterin ist die Verwaltung und Vergabe konfiszierter 'Ndrangheta-Güter, ein Thema, das sich de facto aufdrängt, weil viel Versäumtes aufzuholen ist, dessen sie sich aber mit großer Überzeugung

Die Leute gingen auf die andere Straßenseite, wenn sie mich sahen.

Sie grüßten mich nicht einmal mehr.

CAROLINA GIRASOLE

annimmt. »Wir mussten entscheiden, was mit rund 100 Hektar Agrarflächen, die konfisziert waren, zu geschehen hat. Uns schwebte vor, sie *Libera* zu übergeben. Echten Experten auf diesem Gebiet.«

Italiens größte Anti-Mafia-Dachorganisation wurde 1995 von Don Luigi Ciotti gegründet. Der damals 50-jährige frühere Straßenpriester war überzeugt, dass jeder Drogentote auch ein Opfer der Mafia sei. Das organisierte Verbrechen müsse daher auf allen Ebenen bekämpft werden. Eine der ersten Aktionen von *Libera* war eine landesweite Unterschriftenaktion, die einen Gesetzesvorschlag des 1982 ermordeten kommunistischen Politikers Pio La Torre aufnahm. Dessen Idee war es, die Besitztümer von Mafiamitgliedern zu konfiszieren. Don Luigi Ciotti wollte das Gesetz jedoch ergänzen. Die Güter – Ländereien und Immobilien – sollten nicht brachliegen, sondern sozialen Zwecken zugeführt und damit der Zivilgesellschaft definitiv zurückgegeben werden. Seine Initiative hatte großen Erfolg. Eine Million Italiener und Italienerinnen unterschrieben die Petition und ein Jahr später konnte das neue Gesetz verabschiedet werden. 2010 zog der Staat nochmals nach und rief die ANBSC, die *Nationale Agentur für die Verwaltung und Zuteilung der beschlagnahmten und konfiszierten Mafiagüter* ins Leben. Ende 2018 wies die ANBSC 65.502 konfiszierte Einheiten aus. Das sind Betriebe, Finanzunternehmen, Immobilien, aber auch Schmuck, Autos und andere Wertgegenstände.

Die von *Libera* erwirkte Wiederverwertbarkeit von Mafiabesitz im Sinne des Gemeinwohls liegt auch Carolina Girasole besonders am Herzen. Eine Reihe von Gebäuden sind in Isola di Capo Rizzuto bereits vor ihrer Zeit einem neuen Zweck zugeführt worden, und auch Carolina Girasole kann Widmungen vornehmen. Doch die nun anstehende Nutzung der 2006 konfiszierten Felder gestaltet sich von Anfang an äußerst schwierig. »Eigentlich hätten die Nutzgründe schon im Besitz der Gemeinde sein sollen, um dann einer gemeinnützigen Organisation übergeben zu werden, aber die Böden wurden weiterhin von der Familie Arena bestellt.«

Die Bürgermeisterin und ihre Mitstreiter beginnen daher mit einer umfassenden Kampagne. Sie wollen die Menschen direkt informieren und gehen dafür auf die Straße. »Wir haben den Leuten erklärt, was ein konfisziertes Gut ist und was damit geschehen soll. Wir sind auch in die Schulen gegangen, um Kinder und Jugendliche direkt zu informieren. Sie sollten verstehen, was Legalität bedeutet.«

Es wird ein langer und komplizierter Weg, auf dem sich Carolina Girasole viele Feinde macht. Die ihr anfänglich entgegengebrachte Begeisterung versiegt. Spätestens hier wendet sich das Blatt.

Da ist einerseits die Familie Arena, aus deren Besitz ein Großteil der Grundstücke stammt, und da sind andererseits die Betreiber des Flüchtlingszentrums. Die mit der Leitung dieses Aufnahmelagers beauftragte Bruderschaft *Misericordia* streckt ebenfalls ihre Fühler nach den fruchtbaren Böden aus. Die karitative Organisation, die Teil eines italienweiten Netzwerkes mit guten Verbindungen bis in höchste Kreise ist, hat bereits Immobilien zugesprochen bekommen. »Daher sahen sie es wohl als selbstverständlich an«, sagt Carolina Girasole, »dass sie die einzigen Kandidaten für die Übernahme der Felder seien.« Die Gemeindeverwaltung hält jedoch an *Libera* fest. »In der Folge boykottierte *Misericordia* unsere Entscheidungen auf allen Ebenen. Ab diesem Zeitpunkt haben die echten Probleme begonnen.« Auch das Verhältnis zur Kirche vor Ort wird schwer belastet. Der Pfarrer des Ortes und spirituelle Begleiter der Bruderschaft greift sie sogar öffentlich direkt an. Don Edoardo Scordio lehnt die Präsenz von *Libera* rundweg ab und attackiert auch dessen Gründer.

Doch bevor die Böden überhaupt an eine gemeinnützige Organisation übergeben werden können, muss die Konfiszierung erst einmal de facto umgesetzt werden. Denn die Familie Arena ignoriert beharrlich alle Verfügungen und nutzt die umfangreichen Anbauflächen weiterhin. Mehrfach und über Jahre wird der von ihnen geführte landwirtschaftliche Betrieb von verschiedenen Behörden aufgefordert, die Grundstücke zu räumen. Jedes Mal ohne Erfolg. Die Familie legt immer wieder Berufung ein. Es ist ein langwieriges Tauziehen, bei dem die Bürgermeisterin schnell zwischen mehrere Fronten gerät.

2009 übergibt die zuständige Behörde das umkämpfte Agrarland definitiv der Gemeinde. Damit liegt der Ball bei ihr. Das Problem selbst ist aber noch lange nicht gelöst. Die Felder sind zwar nun im Besitz der Gemeinde, die Betreiber haben sie aber nach wie vor nicht übergeben. Der Gemeinderat sucht einen Ausweg aus dieser Sackgasse und findet ihn in der Gründung einer sogenannten Zweckgesellschaft. Deren Aufgabe ist es nun, die Böden bis zur endgültigen Übergabe an eine Kooperative zu verwalten.

Bleibt trotz allem die drängende Frage: Was passiert mit dem vom Arena-Clan angebauten und nun reifenden Fenchel? Rund 38 Hektar Anbaufläche stehen nämlich bald zur Ernte an. Ein schier unlösbares Problem. Denn die neu gegründete

Zweckgesellschaft fühlt sich angesichts der beharrlichen Präsenz des Clans den Schwierigkeiten nicht gewachsen. Außerdem verfügt sie weder über die nötigen Maschinen noch über die entsprechenden Erntehelfer, teilt sie den Zuständigen mit. Bleibt als scheinbar einzige Alternative die Einackerung der Knollen.

Ein entsprechender Beschluss der Behörden legt den 8. November 2010 für die Zerstörung der Ernte fest. Doch die Aktion wird plötzlich verschoben. In der Bevölkerung ist Unmut über die geplante Vernichtung so vieler Feldfrüchte laut geworden. In der Folge zieht sich auch die Zweckgesellschaft zurück. Die Zeit drängt, doch was tun?

Anfang Dezember 2010 scheint die Lösung gefunden. Die Gemeinde beschließt, eine Ausschreibung zu machen. Der Auftrag zur Ernte soll öffentlich vergeben werden. »Die Erträge sollten an den Sozialdienst der Gemeinde gehen, damit die Leute verstehen, was der Begriff ›konfiszierte Güter‹ für die Allgemeinheit bedeutet.« Der Auftrag wird vergeben, der Fenchel geerntet und das eingenommene Geld für sozial Bedürftige verwendet.

Der Kampf um die Nutzung der Felder hört damit jedoch nicht auf und überschattet die gesamte fünfjährige Amtszeit der Bürgermeisterin. Erst 2013 kann eine *Libera*-Kooperative, *Terre Joniche*, die Grundstücke tatsächlich übernehmen.

Der Albtraum

Im Mai desselben Jahres findet turnusgemäß die nächste Bürgermeisterwahl statt. Carolina Girasole kandidiert trotz aller Widerstände erneut und erlebt »mit nur 12 Prozent der

Stimmen eine denkwürdige Niederlage«. Auch den Einzug ins Parlament in Rom, an der Seite von Ministerpräsident Mario Monti, hat sie verfehlt.

In ihrem Heimatort ist sie inzwischen zur »Persona non grata« geworden. »Die Leute gingen auf die andere Straßenseite, wenn sie mich sahen. Sie grüßten mich nicht einmal mehr.« Auch die Drohungen gingen weiter. Im Sommer zünden Unbekannte ihr Ferienhaus am Meer an. Sie spürt, wie sich eine unsichtbare Schlinge langsam um sie zusammenzieht.

Als in der Nacht vom 2. zum 3. Dezember 2013 plötzlich insistierend an ihrer Tür geläutet wird, hält sie daher ihren Mann davon ab, zu öffnen. Sie hat Angst vor einem weiteren Übergriff. Erst als das Läuten nicht aufhört, geht das Ehepaar auf den Balkon, um nachzusehen. Mit Erstaunen sehen sie vor dem Haus und entlang der Straße viele Polizeiautos. Jetzt öffnet die Ex-Bürgermeisterin die Tür und bekommt ein Schriftstück überreicht, das ihre ganze Welt einstürzen lässt. Es ist ein Haftbefehl gegen sie und ihren Ehemann. Beide werden des Wahlbetrugs beschuldigt. Carolina Girasole soll 2008 mithilfe ihres Ehemannes Franco Wählerstimmen erschlichen haben. Die umfassende Anklageschrift hält auch schwarz auf weiß fest, wie das gelaufen sein soll: Sie hätten den Arena-Clan um Unterstützung gebeten. Im Gegenzug sollte die Familie durch die Amtsführung der Bürgermeisterin begünstigt werden. Zumindest 1350 Stimmen, ist nachzulesen, seien dank der 'Ndrangheta auf ihr Konto gegangen. Die einst landesweit gefeierte Anti-Mafia-Bürgermeisterin soll mit den Stimmen der Mafia ins Amt gekommen sein.

Verzweifelt versucht sie, die Polizisten davon zu überzeugen, dass dies ein Irrtum sein müsse. Sie macht ihnen klar, dass sie in ihrer Amtszeit auch Vizepräsidentin von *Avviso Pubblico* war, einer italienweiten Vereinigung von Anti-Mafia-Gemeinden, deren Ziel die Bekämpfung des organisierten Verbrechens und der Korruption ist. Sie weist auch auf die vielen Anti-Mafia-Kundgebungen hin, an denen sie teilgenommen hat, etwa im September 2010, als sich in Reggio Calabria auf dem Domplatz erstmals 30.000 Menschen unter dem Motto *No 'Ndrangheta* einfanden. Doch ihre Einwände verhallen ungehört.

Die Polizisten stellen ihre Wohnung auf den Kopf. Dann erfährt sie, dass ihr Mann und sie ihre Untersuchungshaft als Hausarrest absitzen werden. Ihr persönliches Drama nimmt seinen Lauf. »Es war eine schreckliche Nacht. Alles, woran ich geglaubt hatte, war mit einem Mal zerstört. Plötzlich saß ich auf der Anklagebank.« Als die Tür sich später hinter den Polizisten schließt, bleibt sie auch für das Ehepaar geschlossen. 162 Tage wird der Hausarrest dauern. Ein schier endloser Albtraum, der tiefe Spuren hinterlässt. Physisch wie psychisch. »Auch jetzt habe ich noch Probleme: Ich halte es weder in geschlossenen Räumen noch unter sehr vielen Menschen aus. Ich habe immer das Gefühl, mir fehlt die Luft zum Atmen.«

Das Schlimmste, sagt sie, war jedoch der Gedanke an ihre Töchter. »Die kleinere besuchte damals die dritte Klasse der Mittelschule. Sie sagte später, ›Mama, du musstest zu Hause bleiben, aber ich musste am Tag danach in die Schule gehen.‹ Das ist ein Satz, den ich nicht vergessen kann.« Die größere Tochter ist zu diesem Zeitpunkt hingegen in Cosenza und erfährt am Morgen aus den Medien »von der Verhaftung der Ex-Bürgermeisterin Girasole«. »Sie hat versucht, ihren Vater zu erreichen, aber mein Mann durfte nicht ans Telefon. Und meine Schwester in Rom hatte nicht den Mut, ihr zu sagen, dass auch er festgenommen worden ist.«

Schon bald wird Carolina Girasole klar, dass noch weitere Anschuldigungen im Raum stehen. Eine zweite Anklageschrift spricht von Amtsmissbrauch und illegaler Bieterabsprache. Und wieder geht es um die Fenchelfelder. Die Ausschreibung – so die Anklage – habe einen Strohmann und damit den Arena-Clan begünstigt. Der Bruttogewinn, den der Clan durch die eingefahrene Fenchelernte erwirtschaftet habe, wird mit rund einer Million Euro angegeben. Dass die Ernte nicht vernichtet wurde, sei die Schuld der Bürgermeisterin.

Das gesamte Strafverfahren stützt sich dabei, erfährt die Angeklagte später, fast ausschließlich auf kleinere und größere Lauschangriffe. Die Ermittler haben über einen längeren Zeitraum Mitglieder der 'ndrina abgehört. Sie kontrollierten ihre Telefone, verwanzten ihre Autos und setzten Peilsender ein. Dabei seien sie auch auf die Bürgermeisterin gestoßen.

Gemeinsam mit ihr und ihrem Ehemann müssen sich auch elf Personen aus dem Arena-Clan dem Gericht stellen. Die Staatsanwaltschaft fährt schwere Geschütze auf. Sie fordert sechs Jahre Haft für die Politikerin und fünfeinhalb für ihren Ehemann. Im Zuge der Prozessvorbereitung zeigt sich jedoch bald, dass nicht alle Abhörprotokolle korrekt wiedergegeben sind. 780 Gesprächsaufzeichnungen hören sich Carolina Girasoles Anwälte deshalb an. Und sie stellen fest, dass einiges, was die Polizei transkribiert hat, in den abgehörten Gesprächen nicht vorkommt. »Als mir das bewusst wurde«, sagt Carolina Girasole, »bekam ich ganz große Angst. Ich spürte, da ist etwas ganz Kompliziertes in Gang gesetzt worden.« Bis zu diesem Zeitpunkt habe sie sich trotz aller Schwierigkeiten beschützt gefühlt. »Ich fühlte mich sicher, weil ich den Staat an meiner Seite wähnte.« Ein Irrtum, der in ihr Bitterkeit hervorruft.

Im September 2015 kommt es zum Urteilsspruch. Das Gericht in der Provinzhauptstadt Crotone widerlegt die Sichtweise der Ankläger radikal. Es spricht Carolina Girasole und ihren Ehemann in allen Anklagepunkten frei. Sie seien unschuldig. Für das Ehepaar scheint ein Albtraum zu Ende. Doch die Verschnaufpause dauert nicht lange. Die Staatsanwaltschaft legt Berufung ein. Der Fall wird bereits ein halbes Jahr später vom Berufungsgericht in Catanzaro erneut aufgerollt. Carolina Girasoles Anwälte legen mit Bezug auf das erste Urteil eine über einhundert Seiten lange Verteidigungsschrift vor.

Am 25. Mai 2019, fünfeinhalb Jahre nach Carolina Girasoles Verhaftung, kommt auch das Berufungsgericht in Catanzaro in ihrer Causa zu einem Ergebnis. Die Richter bestätigen das Urteil der ersten Instanz vollinhaltlich: Carolina Girasole und ihr Mann werden erneut freigesprochen. Denn wie es mit einer juristischen Formel heißt: *il fatto non sussiste*. Mit anderen Worten, es gibt keinen Tatbestand und daher auch keine Tat.

Don Luigi Ciotti, der während des Prozesses die Korrektheit der Bürgermeisterin bezeugt hat, zeigt sich glücklich, dass es endlich Gerechtigkeit gibt. Auch die katholische Tageszeitung *Avvenire* begrüßt in einem Kommentar vom 23. Juni 2019 das Urteil, äußert aber Zweifel an der Vorgehensweise der Ankläger. Es gebe viel nachzudenken, über diese und andere Fälle, die eine »überraschende Härte gegenüber der Welt der Anti-Mafia aufzeigen, eine größere als gegenüber der Mafia selbst«.

Das große Geschäft mit Flüchtlingen

Aber auch unabhängig von der Bürgermeisterin haben die Ermittler die Kleinstadt Isola di Capo Rizzuto weiterhin im

Blick. Diesmal geht es um das Aufnahme- und Asylzentrum Sant'Anna. Im Mai 2017 schlagen sie unter dem Titel *Operazione Jonny* zu. 68 Personen werden verhaftet. Die Vorwürfe sind schwer und umfassen einen Zeitraum von rund zehn Jahren: Die Mafia habe das Sant'Anna. unterwandert und enorme Profite gemacht. Von den 103 Millionen Euro an staatlichen Mitteln und EU-Geldern, die zwischen 2006 und 2015 in die Einrichtung geflossen sind, landeten demnach mindestens 36 Millionen direkt in den Taschen des Arena-Clans. Bei den rund 1500 Migranten und Flüchtlingen kam hingegen wenig bis nichts an.

Das System war einfach und effizient: Der Clan hatte eigene Unternehmen gegründet, die für die Versorgung und Instandhaltung des Flüchtlingslagers zuständig waren. Ihre Dienstleistungen, wie Essen, Wäsche, Reparaturen, wurden zu stark überhöhten Preisen angeboten. Die Differenz ging an die Familie Arena.

Damit dies alles reibungslos funktionieren konnte, bedurfte es aber der Mithilfe der Betreiber. Und so findet sich unter den Festgenommenen auch der Präsident der katholischen Bruderschaft *Misericordia di Isola di Capo Rizzuto*. Leonardo Sacco soll als Strohmann agiert haben und war damit Garant, dass die Aufträge auch tatsächlich an die Firmen des Clans gingen. Im Sommer 2019 verurteilt das Gericht den Leiter der Wohltätigkeitsorganisation zu 17 Jahren und vier Monaten Haft.

Eine weitere zentrale Figur in der Causa ist Don Edoardo Scordio. Der Pfarrer von Isola di Capo Rizzuto und spirituelle Berater der Bruderschaft wird nach sechs Monaten Haft in Hausarrest nach Norditalien geschickt. Laut Anklage soll er mitgeholfen haben, ein effizientes System zur Unterschlagung staatlicher Gelder für die Flüchtlingsversorgung aufzubauen. Eine Tätigkeit, die ihm selbst viel Geld eingebracht haben dürfte. Allein im Jahr seiner Verhaftung soll er 132.000 Euro für die geistliche Betreuung der Flüchtlinge erhalten haben. Er selbst leugnet jede Verbindung zur 'Ndrangheta. Ein Urteil steht noch aus.

»2017 ist auch der Gemeinderat von Isola di Capo Rizzuto wegen Mafiaverbindungen aufgelöst worden«, sagt Carolina Girasole. »Wie schon einmal im Jahr 2003 hat der Staat damit der Realität hier Rechnung getragen und die Gemeinde unter kommissarische Verwaltung gestellt.« Sie blieb es bis zu den Neuwahlen im November 2019. Der Grund für die Entscheidung des Ministerrats in Rom war die *Operazione Jonny* und der damit auch international bekannt gewordene Skandal um das Flüchtlingslager Sant'Anna.

Carolina Girasole hat das Vertrauen in die Justiz noch nicht verloren. Und das wird sie auch brauchen. Denn noch ist ihr Albtraum nicht zur Gänze ausgestanden. Die Staatsanwaltschaft ist in die nächste und letzte Instanz gegangen. Sie hat beim Kassationsgericht Berufung eingelegt. Ein Urteil steht noch aus.

»Ich bin mir nicht sicher, ob ich jemals die Wahrheit über die Beweggründe erfahren werde, warum man mich mit solcher Verbissenheit bekämpft«, sagt die heute 57-Jährige. Denn beide Urteile heben klar hervor, dass sie gegen die Interessen der 'Ndrangheta vorgegangen sei.

» Man weiß überhaupt nicht, wem man trauen kann. «

Die Staatsanwältin

CLAUDIA MOREGOLA

Eigentlich war die Entscheidung für das Jusstudium eine eher zufällige, kurz nach der Matura sah die angehende Studentin verschiedene Szenarien für sich. Ganz klare Vorstellungen hatte sie hingegen vom Arbeitspensum ihrer zukünftigen Tätigkeit. Rund um die Uhr arbeiten zu müssen, das kam für sie nicht in Frage. »Schon als Kind habe ich meine Mutter, die selbstständige Steuerberaterin ist, ständig über irgendwelchen Bilanzen brüten sehen. Ich hingegen wollte später einmal mehr Freizeit haben«, lacht Claudia Moregola. »Gekommen ist es dann ganz anders. Meine Arbeit heute kennt keine regulären Zeiten und nimmt mich sehr in Beschlag.«

Ihr Beruf macht ihr große Freude, das hört man bei Claudia Moregola aus jedem Satz heraus. Ihre Studienwahl sei ein großer Glücksfall gewesen. Und Glück habe sie auch später gehabt. Als nach einer zweijährigen Gerichtspraxis in ihrer Geburtsstadt Padua eine Entscheidung ansteht – entweder Richteramt oder Staatsanwaltschaft –, geht sie intuitiv in die richtige Richtung. Die junge Juristin knöpft sich das Strafrecht vor und findet Gefallen daran. »Eine Liebe war geboren. Eine, die mich weiterhin begleitet«, bekräftigt sie. »Ich bin Staatsanwältin aus Überzeugung.«

Im Oktober 2004 übersiedelt sie aus beruflichen Gründen in die Lombardei. Sieben Jahre lang beschäftigt sie sich am Gericht in Brescia mit Straftaten gegen die öffentliche Verwaltung. Dann öffnet sich plötzlich ein ganz neues Kapitel im Leben der Juristin. Sie wird Anti-Mafia-Staatsanwältin.

Möglich ist dies dank einer 1991 ins Leben gerufenen Einrichtung. Damals kam es zur Gründung einer auch international gesehen einzigartigen Behörde, der DNA, der *Direzione nazionale antimafia*, und niemand Geringerer als Giovanni Falcone hoffte, deren erster Chef zu werden. Ein Traum, der sich für Falcone jedoch nie erfüllen sollte. Er wurde am 23. Mai 1992 ermordet. Neben dem zentralen Sitz der DNA in Rom entstehen an den Gerichten der jeweiligen Regionen eigene Einheiten, sogenannte DDA, die sich mit Mafiadelikten beschäftigen. Auch Brescia hat eine DDA, eine *Direzione distrettuale antimafia*. Sie ist seit 2011 Claudia Moregolas beruflicher Mittelpunkt.

Der Ruf an die angesehene Anti-Mafia-Staatsanwaltschaft gilt landesweit als Auszeichnung und Karrieresprung. Für die bei ihrem Eintritt 38-jährige Juristin bedeutet er aber vor allem eines: »maximaler Einsatz und viel Verantwortung. Denn hier geht es um sehr komplexe Ermittlungen und um Straftaten, die schwieriger aufzudecken und nachzuweisen sind als andere.« Die Personen, gegen die ermittelt wird, stellen die Zuständigen vor große Herausforderungen. Sie sind »besonders gefährlich und äußerst gerissen«. Doch nicht nur inhaltlich unterscheidet sich die Arbeit in der DDA von der in anderen Abteilungen. Sie ist auch besonders zeitintensiv. »Man braucht einen sehr langen Atem.« Die meisten Prozesse ziehen sich über viele Jahre.

Die Lombardei – Sehnsuchtsort der Mafia

In Claudia Moregolas Jugend war die Mafia für die 1973 in Padua aufgewachsene junge Frau »kein Thema«. Da ging es um ganz andere Dinge. Hier gaben und geben sich Religion, Kunst und Wissenschaft die Hand. Jahr für Jahr zieht die dem Heiligen Antonius geweihte Basilika Pilger aus vielen Ländern an. Auch Kunstliebhaber finden Außergewöhnliches: Die *Cappella degli Scrovegni* mit ihren weltberühmten Giotto-Fresken – wegen ihrer Schönheit auch die Kleine Sixtina genannt – ist ein einzigartiges Juwel. Und selbst wer sich mehr für Wissenschaft interessiert, ist hier gut bedient. Die 1222 gegründete Universität und das Anatomische Theater, in dem schon Galileo Galilei seine Vorlesungen hielt, haben bis heute nichts an Attraktivität verloren. Weder für Touristen noch für die vielen Studenten, die Jahr für Jahr aus dem In- und Ausland kommen, um hier ihre Ausbildung zu machen. Auch sie genießen die schöne Altstadt mit ihren vielen Lokalen. Gutes Essen und Trinken werden großgeschrieben. Lebenslust ist angesagt und wird, sobald die Corona-Krise überstanden ist, auch wieder Einzug halten.

Die Mafia, sagt Claudia Moregola, habe sie in diesem Umfeld nur indirekt kennengelernt. Zuerst vor allem dank Italiens erfolgreichster Fernsehserie aller Zeiten: *La Piovra*, zu Deutsch »der Krake«. Schon die erste Staffel rund um den von Michele Placido dargestellten Kommissar Corrado Cattani, der von Mailand nach Sizilien geschickt wird, erwies sich als echter Quotenhit. Rund 15 Millionen Menschen saßen regelmäßig gespannt vor dem Fernseher. Die Serie, die von 1984 bis 2001 produziert wurde, hatte auch international riesigen Erfolg und wurde zu einem Klassiker des Genres. Im deutschen Sprachraum zog sie unter dem Titel »Allein gegen die Mafia« die Zuseher und Zuseherinnen in ihren

Bann und prägte das Bild vom organisierten Verbrechen in Süd-italien wesentlich mit. »Diese Bilder«, lächelt Claudia Moregola, »das war für mich als Heranwachsende die Mafia.«

Am Beginn ihres Studiums, 1992, gab es dann aber auch andere Bilder. »Reale«, sagt sie, »wie die von den Attentaten auf Giovanni Falcone und Paolo Borsellino. Und ein Jahr danach waren es jene der Anschläge in Rom, Florenz und Mailand.«

1993 schockte eine Reihe mysteriöser Bombenattentate ganz Italien. Bei Sprengstoffanschlägen auf die Uffizien in Florenz im Mai und auf den *Padiglione d'Arte Contemporanea* in Mailand im Juli kamen zehn Menschen ums Leben. Fast gleichzeitig verursachte in Rom eine Bombenserie – darunter auch ein Anschlag auf die frühchristliche Kirche San Giorgio al Velabro – große Sachschäden. Insgesamt starben durch die Bombenserie 1992/1993 21 Menschen. »Das waren Ereignisse, die mich sehr erschüttert haben, aber trotzdem schien das alles weit weg von mir.«

2011 wird das definitiv anders. Ab nun dominiert das Thema Mafia Claudia Moregolas beruflichen Alltag. Sie hat dabei mit allen kriminellen Organisationen im Land zu tun. Ihr Schwerpunkt liegt aber eindeutig bei der kalabrischen Mafia. »Mehr als 70 Prozent meiner Arbeit betreffen die Aktivitäten der 'Ndrangheta.« Und das, sagt sie, hat ganz klar mit der Expansionsstrategie der Clans zu tun.

Die Lombardei mit ihren heute über 10 Millionen Einwoh-nern ist schon in den 1950er Jahren zum Sehnsuchtsort der Mafia geworden. War es zuerst vor allem die Cosa Nostra, rückten bald auch verstärkt neapolitanische und kalabrische Familien nach. Die Region gilt – mit ihrer beeindruckenden Anzahl kleiner, mitt-lerer und großer Unternehmen – als Lokomotive Italiens. Ihre

Hauptstadt Mailand ist Sitz der Börse und der wichtigste Finanz-
platz des Landes. All das versprach – und verspricht noch immer
– den kriminellen Organisationen ein großes Betätigungsfeld mit
satten Gewinnen. Selbst die geografische Lage ist für ihre Zwecke
hilfreich. Gepaart mit einer exzellenten Infrastruktur garantieren
Mailand und die Lombardei für die Abwicklung der illegalen
Geschäfte die perfekte Anbindung an die wichtigsten Zentren
Europas und der Welt. Denn nicht nur die legale Wirtschaft profi-
tiert von der Globalisierung, auch die Mafien nutzen die internationalen Märkte für sich.

In ihrem Bericht »Die Wirtschaft der Lombardei« unterstreicht die italienische Nationalbank 2019 das generelle Wachs-
tumspotenzial der Region. Sie hebt die guten Exportzahlen, die
vielen Investments und die hohe Konsumbereitschaft der Bevölkerung hervor. »In diesem blühenden Panorama haben sich die
Mafien – und damit auch die 'Ndrangheta – systematisch, mit
großem Erfolg und von der Öffentlichkeit lange Zeit völlig unbemerkt ausbreiten können«, sagt Claudia Moregola.

Dabei gehe es der 'Ndrangheta weniger um eine de facto militärische Kontrolle des Gebietes, wie sie in Kalabrien praktiziert
wird, sondern um beste wirtschaftliche und teilweise auch persönliche Beziehungen. Nur »gut getarnt und in der Gesellschaft integ-
riert« können die Geschäfte für sie optimal laufen. »Das macht die
Ermittlungen auch derart komplex.«

So beklagt auch der Jahresbericht der *Direzione investigativa
antimafia* neben dem nach wie vor florierenden Drogenhandel die
punktuelle Unterwanderung verschiedenster Wirtschaftsbereiche.
Zu oft seien Wirtschaftstreibende zu willfährig oder zu blauäugig.
Ähnliches gilt auch für das Beamtentum und die Polizei. Die organisierte Kriminalität setzt dort an, wo sie sich Vorteile verspricht.

Die 'Ndrangheta unterwandert die Gesellschaft und breitet sich geografisch gezielt aus. Ihre Expansionsstrategie läuft dabei nach eigenen Gesetzen. Sie kolonialisiert die als attraktiv eingestuften Gebiete regelrecht, wie Experten es immer wieder formulieren. Ein dabei eingesetztes Besiedlungsmuster ist die Bildung von *locali*, von Gruppierungen, die aus Familien mit einer gemeinsamen geografischen Herkunft bestehen.

25 solcher *locali* konnten die Ermittler über die Jahre in den lombardischen Provinzen ausfindig machen. Das ermöglichte es ihnen, Einblick in ein dichtes Netz mafiöser Strukturen zu nehmen, das sich über die norditalienische Region legt.

Allein aus der kalabrischen Provinz Crotone ließen sich in den vergangenen Jahrzehnten mehrere Familien in der Lombardei nieder. Neben dem Arena-Clan aus Isola di Capo Rizzuto hat dabei vor allem eine Familie großen Einfluss gewonnen: der Clan Grande Aracri aus der kalabrischen Gemeinde Cutro. Er beschäftigt Claudia Moregola seit ihrem Eintritt in die DDA. »In Crotone ist die Dichte an 'Ndrangheta-Clans besonders hoch«, sagt sie. »Die Familien teilen die Gebiete ganz genau unter sich auf.« Ein beunruhigendes Bild, das sie teils auch in den Norden exportiert haben, wie sich immer wieder zeigt.

Im Herbst 2011 wenden sich die Carabinieri der Stadt Mantua an die Anti-Mafia-Abteilung der Staatsanwaltschaft in Brescia. Eine Reihe von Straftaten kommt ihnen nach genaueren Analysen »besonders suspekt« vor. Der Verdacht, es könnten keine gewöhnlichen Vergehen, sondern Mafiadelikte sein, entsteht. Genauso die Befürchtung, eine neue Welle von Mafiaübergriffen könnte auf die Provinz Mantua zukommen. Und es kristallisiert sich heraus, dass sie richtig liegen.

Die mysteriösen Brandanschläge von Mantua

Die friedlich am Mincio gelegene Provinzhauptstadt Mantua hat es früher kaum in die Schlagzeilen geschafft. Auch der ganz große Touristenstrom führte eher an ihr vorbei. Die Stadt galt vielmehr als eine Art Geheimtipp für die Kunst des Mittelalters und der Renaissance. Das Leben in der 50.000 Einwohner zählenden Stadt mit ihren schönen künstlichen Seen war ruhig und zeichnete sich durch hohe Qualität aus. Das Gleiche galt auch für die die Stadt umgebende, ebenfalls wohlhabende Provinz. Niemand dachte hier an das organisierte Verbrechen. Doch gerade diese Ruhe zog es an. Hier fand die 'Ndrangheta die idealen Bedingungen, um sich unter der funktionierenden Oberfläche ungesehen einnisten zu können.

Eines Tages wird diese Ruhe jedoch abrupt gestört. Eine lange Reihe von scheinbar unerklärbaren Bränden irritiert die Bevölkerung. PKWs gehen in Flammen auf, ebenso Nutzfahrzeuge. »Der aufsehenerregendste Brand geschah jedoch im Herbst 2011 in einer großen Baufirma. Betonmischer wurden angezündet und brannten komplett aus«, erklärt Claudia Moregola. Aufnahmen einer Videoüberwachungsanlage zeigen später den Hergang der Tat. Zwei vermummte Männer übergießen acht Fahrzeuge mit Benzin und setzen sie in Brand. Der entstandene Schaden beträgt mehr als drei Millionen Euro. »Das Unternehmen hatte einen zwei Millionen Euro schweren Auftrag im Zentrum der Stadt für sich entschieden. Das hat offensichtlich einigen nicht gepasst.«

Der Brandanschlag auf die alteingesessene Baufirma, die zu den größten der Provinz zählt, erregt großes Aufsehen. Erstmals wird die öffentliche Meinung richtig aufgerüttelt. Und die Anti-Mafia-Ermittler werden eingeschaltet.

Da habe ich verstanden, dass ihr Feind

ein konkretes
Gesicht hat:
nämlich meines.

CLAUDIA MOREGOLA

»Nur der damalige Bürgermeister Nicola Sodano verharmloste weiter«, beschreibt Claudia Moregola das Klima in der Stadt. »Er sagte wörtlich: ›Ich nehme den Duft der Mafia dabei nicht wahr.‹ Ja, er sagte tatsächlich Duft! Er habe in Mantua noch nie von der Mafia reden gehört.« Eine Aussage, die damals auch die Anti-Mafia-Organisation *Libera* zu einer harten Reaktion veranlasste. Der aus Crotone stammende Mitte-rechts-Politiker Sodano negiere Augenscheinliches, kritisierte sie. Und damit erweise er der Mafia einen großen Dienst.

Trotz der Ermittlungen dauern die Brandstiftungen noch lange an. So warnt noch 2016 die damalige Präsidentin der Parlamentarischen Anti-Mafia-Kommission, Rosy Bindi, vor der Präsenz der 'Ndrangheta, deren besonderes Markenzeichen die Brandlegung sei. Mantua, die brennende Stadt, ist immer öfter in den Medien zu lesen. Die dafür Verantwortlichen werden nun einer breiteren Öffentlichkeit bekannt.

Der Clan Grande Aracri hatte bereits in den 1990er Jahren seine ersten Zellen im Norden gegründet. Einige Mitglieder ließen sich gezielt in der Emilia Romagna und später in der Lombardei nieder. Der große Boss Nicolino Grande Aracri, der von Kalabrien aus die Fäden zog, schickte einen Stellvertreter, der sich zuerst nach Cremona und dann nach Mantua begab. Nicolino Grande Aracri wollte das Terrain für sich erobern, denn ganz so jungfräulich, wie die öffentliche Meinung dachte, war die Provinz nicht. »Es gab hier bereits einen Clan, der ebenfalls aus der Provinz Crotone stammt. Die Familie Ferrazzo aus Mesoraca hatte Geschäftsleute hierhergeschickt, die Investitionen machen und damit Geld reinwaschen sollten. Vor allem im Bereich des Bauwesens.« Ein weitläufiger Begriff, denn es ging nicht nur um Parzellierungen großer Grundstücke, um Aushubarbeiten und

Bautätigkeiten, auch sämtliche damit verbundenen Handwerkstätigkeiten gerieten unter die Kontrolle des Clans. »Da waren Dachdecker, Schlosser, Elektriker. Eben alle Branchen, die nötig sind, um ein Gebäude fertigzustellen.« So viel Erfolg führt in Kalabrien jedoch zu Irritationen. Es ist eine Frage der Hierarchie.

Im Juni 2011 wird Nicolino Grande Aracri nach elf Jahren Haft entlassen und lebt von nun an, wenn auch unter besonderer Überwachung, wieder zu Hause in Cutro. Von dort übernimmt er persönlich die Führung all seiner Geschäfte. Fast manisch macht er sämtliche Angelegenheiten zur Chefsache. Dabei entdeckt er, dass einige seiner Leute in Mantua für den Ferrazzo-Clan aus Mesoraca arbeiten. Auch wenn dieser als Verbündeter gilt, ist dies für Nicolino Grande Aracri absolut inakzeptabel. »In Kalabrien schaffte *er* an. Also musste dieselbe Struktur auch in Mantua gelten«, erklärt die Staatsanwältin den Aufbau der kalabrischen Mafia. Im August 2011 ernennt der Boss seinen Regenten für Mantua. Leute aus Cutro dringen verstärkt in die Provinz ein, sie »besiedeln das Land« und drehen die Hierarchie um. Ab nun wird das Bauwesen in der Stadt wie auch in den Dörfern vom Clan Grande Aracri beherrscht. Niemand kann arbeiten, ohne seine Firmen miteinzubeziehen. Sie erpressen, kaufen billig Unternehmen auf, und wenn das nicht möglich ist, legen sie Brände.

Der Mörder und die feine Gesellschaft

Im Jahr 2011 beginnen Ermittlungen, an denen Claudia Moregola federführend beteiligt ist. Sie leitet die *Operazione Pesci* samt gleichnamigem Prozess. Noch im Jahr 2020 wird sie das Verfahren beschäftigen und damit auch der Boss Nicolino Grande Aracri, dessen Aufstieg mit Leichen gepflastert ist.

»Er gehört zu den blutrünstigsten 'Nrangheta-Bosses. Ein mehrfacher Mörder. Schon seine Machtübernahme beginnt mit einem Mord«, beschreibt die Chefanklägerin den unumstrittenen kalabrischen Paten. »2004 hat er den damaligen Boss, Antonio Dragone, umgebracht, dessen rechte Hand er lange Zeit war. Dann lässt er auch alle anderen töten, die Dragone treu ergeben waren.«

Nur zwei Jahre lebt Nicolino Grande Aracri in überwachter Freiheit. Der Boss, der wegen einer Verletzung an der Hand den Spitznamen *mano di gomma* – Gummihand – hat, nützt die Zeit, um Allianzen zwischen den kalabrischen Clans zu schließen und baut so seine Vorherrschaft erfolgreich aus.

2013 wird er jedoch erneut verhaftet und in den Hochsicherheitstrakt der Justizvollzugsanstalt *Opera* in Mailand eingeliefert. Hier, am Südrand der lombardischen Metropole, sind die gefährlichsten Verbrecher des Landes in Einzelzellen eingesperrt. Für sie gelten die vom Gesetz für Mafiabosse vorgesehenen verschärften Haftbedingungen. Deren Ziel ist die komplette Isolation des Häftlings. Jeder Kontakt zu anderen Gefangenen und nach außen ist untersagt. Auch die kurzen Frischluftpausen im Hof dürfen nur allein genützt werden. So soll jede Kommunikation mit den Mitgliedern des Clans unterbunden werden.

»Als wir den Prozess gegen ihn begonnen haben, saß er schon nach den Kriterien des Paragrafen 41-bis (Anm. das härteste Gefängnisregime Italiens, das auch als *carcere duro* – als „hartes Gefängnis" bekannt ist) im *Opera* ein«, sagt die Staatsanwältin. »Die Vernehmungen fanden daher ausschließlich über Videoschaltungen statt. Selbst eine Verlegung in einen Gerichtssaal ist bei Leuten dieses Kalibers nicht möglich. Sie sind so gut vernetzt, dass eine Flucht niemals auszuschließen wäre.«

Prozesse dieser Art, sagt Claudia Moregola, können nur zustande kommen, wenn die Zusammenarbeit zwischen den Behörden exzellent ist. »Das ist immer Teamwork und das ist auch der schönste Teil meiner Tätigkeit«, sagt sie selbst nach Jahren der Recherchen mit großer Begeisterung. »Normalerweise ist die Arbeit des öffentlichen Anklägers ziemlich einsam, aber in unserem Fall ist die Zusammenarbeit mit den jeweiligen Polizeiabteilungen sehr eng. Wir sitzen an einem Tisch und entscheiden gemeinsam, wer beschattet oder abgehört wird. Durch diesen Austausch von Erkenntnissen und Erfahrungen habe ich beruflich, aber auch menschlich sehr viel gelernt.«

Dank unermüdlicher Recherchen gelingt es den Ermittlern, ein dichtes Geflecht an kriminellen Aktivitäten aufzudecken. Selbst ungelöste und zu den Akten gelegte Fälle können dank der Aussagen von Justizkollaborateuren, d. h. reuigen Mafiosi, aufgeklärt werden, sogenannte *lupara bianca*-Fälle, bei denen die Leichen der Ermordeten spurlos verschwunden sind. »Wie der von Antonio Macri«, führt die Staatsanwältin aus. »Er wurde hinter dem Haus von Nicolino Grande Aracri ermordet. Seine Leiche haben die Mörder auf einem Anhänger voller Dung versteckt. Dann ließ man sie für immer verschwinden.«

Die Ermittlungen haben aber noch etwas aufgezeigt. Der Clan verfügt über enge Verbindungen zu legalen Organisationen. Im Speziellen zu den Freimaurerlogen in Italien. Die Beziehungen zur Freimaurerei haben es der 'Ndrangheta schon vor längerer Zeit ermöglicht, jenen Bereichen der Gesellschaft auf Augenhöhe zu begegnen, die ihr ursprünglich fremd waren. Erste permanente Kontakte zu den Logen in Kalabrien gehen auf die 1970er Jahre zurück. Clanmitglieder werden in der Folge zu Logenbrüdern und erhalten dadurch Zugang zu Freiberuflern, Politikern und

Vertretern der Institutionen, die bei Problemen gegebenenfalls hilfreich einspringen.

Einblick in diese geheimen Verstrickungen haben in den vergangenen Jahren mehrere Verfahren in verschiedenen Regionen gegeben. Vor allem in der Emilia Romagna und der Lombardei. »Die Freimaurerlogen dienen den Mafiosi als Bindeglied zu allerhöchsten Kreisen, das ist auch aus unseren Untersuchungen klar hervorgegangen«, sagt Claudia Moregola. »Bis hin zum Verfassungsgerichtshof und dem Vatikan.« Anwälte, Steuerberater, Ärzte, Unternehmer – sie alle können bei der Abwicklung krimineller Geschäfte von Vorteil sein. »Die Ermittlungen werden hingegen angesichts der vielen meist unverdächtigen Namen zusätzlich schwieriger.«

Beweise liefert der für einen Boss »unglaublich gesprächige Nicolino Grande Aracri« in einem von der Polizei abgehörten Gespräch einmal unfreiwillig selbst. Bei einem von ihm anberaumten Treffen erklärt er seinen Leuten die Vorteile dieser Beziehungen und wie dadurch Geldwäsche besser betrieben werden kann. »Das sind keine Schafhirten, das ist keine 'Ndrangheta, die an das Landleben gebunden ist«, betont die Anti-Mafia-Juristin mit Nachdruck. »Nein! Sie sind fest in den besten Kreisen verankert.«

Der Boss kann bei der Ausübung seiner illegalen Aktivitäten auch auf seinen Arzt zählen. Der Kardiologe an der renommierten Gemelli-Klinik in Rom, Alfonso Sestito, steht im Verdacht, die wirtschaftliche Drehscheibe des Clans zu sein. Er soll die Geldflüsse der Familie in die richtigen Kanäle geleitet haben. Gelder, mit denen unter anderem Feriendörfer in Kalabrien entstanden sind. Mitte Januar 2020 verhaftet ihn die Finanzpolizei. Dem Mediziner wird Geldwäsche und Mitgliedschaft in einer Mafiaorganisation vorgeworfen. Zwei Gesellschaften, die für die Verwaltung der Feriendörfer ins Leben gerufen wurden, sollen auf den Namen seiner Frau laufen.

Doch dem kommunikativen Boss gelingt es nicht nur, Mediziner und Juristen für seine Anliegen vor den eigenen Karren zu spannen. Er wird auch in anderen Berufssparten fündig. »Eine große Rolle beim Aufbau dieses für Nicolino Grande Aracri so wichtigen Beziehungsgeflechts hat eine Journalistin gespielt«, erläutert Claudia Moregola das Netzwerk des Bosses. »Grazia Veloce verfügte über exzellente Kontakte in alle Richtungen und entpuppte sich als Bindeglied zwischen dem Clan und der guten Gesellschaft: dem Malteserorden, den Logen und selbst dem Heiligen Stuhl.«

2012 belauscht die Polizei ein Gespräch zwischen der Journalistin und der Ehefrau des Bosses. Dabei geht es um die von Nicolino Grande Aracri angestrebte Verlegung seines Schwiegersohnes in ein anderes Gefängnis, am besten nicht weit von Cutro entfernt. Der junge Mann würde so näher bei seiner schwangeren Frau sein. Die Journalistin weiß sofort Rat. Sie kontaktiert einen Monsignore im Vatikan. Alles scheint bereits in trockenen Tüchern, als die Anti-Mafia-Experten aus Kalabrien ihr Veto einlegen. Die Verlegung kommt nicht zustande.

Grazia Veloce bleibt aber weiterhin eine wichtige Kontaktperson. »Dank ihrer Bekanntschaften gelang es dem Clan sogar, Verbindungen zum Kassationsgericht aufzubauen«, sagt Claudia Moregola, »die entsprechenden Namen konnten allerdings bis heute nicht ausgeforscht werden.« 2016 wird die frühere Parlamentsjournalistin verhaftet. Die Anklage lautet: Die 72-Jährige habe eine Mafiavereinigung unterstützt.

Im selben Jahr, als Grazia Veloce all ihre Beziehungen zugunsten des jungen Mafioso spielen lässt, durchsuchen die Carabinieri das Haus von Nicolino Grande Aracri. Dabei beschlagnahmen sie einen ungewöhnlichen Gegenstand: ein mittelalterliches Schwert mit dem Emblem des Malteserordens. Ein Verlust, der den Boss tief schmerzt, wie er selbst einmal am Telefon sagt.

Dieses komplexe Beziehungsgeflecht macht es für die Ermittler noch gefährlicher als sonst. »Man weiß überhaupt nicht, wem man trauen kann«, sagt die Staatsanwältin, die eigene Erfahrungen ins Treffen führt. »Ich erinnere mich sehr genau an einen Rechtsanwalt. Giancarlo Pittelli hat mir während der Prozesspausen immer wieder zu verstehen gegeben, wie gut seine Beziehungen zum Obersten Gerichtshof seien. Als wollte er sagen: Ganz egal, was Sie hier machen, ich weiß, an wen ich mich wenden kann.« Mitte Dezember 2019 ist der Jurist und frühere Forza-Italia-Politiker wegen Mafiazugehörigkeit verhaftet worden. Der Vorwurf an ihn lautet: Der Freimaurer habe Kontakte zwischen den 'ndrine und den Institutionen hergestellt.

Angst habe sie trotzdem nicht, oder besser, es sei ihr gar nie in den Sinn gekommen, ihr könne Gefahr drohen, sagt Claudia Moregola. Im vergangenen Jahr habe sich das jedoch etwas geändert. »Wenn ein Clan dich als Problem identifiziert, wird es schwierig.« Und genau das sei geschehen. »Bei diversen Lauschangriffen konnte ich meinen Namen hören. Da habe ich verstanden, dass ihr Feind ein konkretes Gesicht hat: nämlich meines.«

Wirtschaftskriminalität im großen Stil

Die Beschäftigung mit dem Clan Grande Aracri zieht sich wie ein roter Faden durch die Laufbahn der Anti-Mafia-Staatsanwältin. Auch das internationale Netzwerk des Bosses ist dabei immer wieder Thema. Mit zum Teil ganz neuen Ergebnissen.

Ein besonders interessantes Gebiet für die Familie aus Cutro war Deutschland. Schon in den 1990er Jahren hat Nicolino Grande Aracri dort Niederlassungen aufgebaut. Er selbst hat für einige Zeit seinen Hauptwohnsitz in Münster, wo er als Kellner in einer Pizzeria arbeitet. Eine Tarnung für das, was ihn tatsächlich an Nordrhein-Westfalen interessiert: der Drogenhandel zwischen Holland und Deutschland. Um diese Geschäfte besser abwickeln zu können, gründet er im holländischen Antwerpen eine Import-Export-Gesellschaft. Doch der Handel mit Drogen wird bald zu gefährlich. Die Strafen und damit die Risiken werden als zu hoch eingestuft, und so sucht der Clan auch andere Betätigungsfelder. Und andere Länder. Ganz oben auf der Liste steht dabei die Schweiz. Vor allem im Tessin kann Nicolino Grande Aracri auf eine starke Präsenz der Ferrazzo-Familie zählen. Besondere Bedeutung kommt dabei der Gemeinde Ponte Tresa zu. Sie gilt seit Langem als Basis und Umschlagplatz der 'Ndrangheta in der Schweiz. »Die Clans gingen in die Schweiz, um dort Waffen einzukaufen. Es gelang ihnen, selbst Kriegswaffen zu erwerben. Bomben und Kalaschnikows zum Beispiel. Das war eben nur möglich, weil es starke kalabrische Gemeinden in der Schweiz gibt.«

Diese 'Ndrangheta-Zellen dienten dem Clan aber auch als Personalreserve für besonders schmutzige Aufträge. Wenn es darum ging, Strafexpeditionen und Todeskommandos loszuschicken, griffen die Auftraggeber gern auf ortsfremde Personen zurück. »Eine Brandstiftung, eine Schutzgelderpressung, ein Mord: Da wandten sie sich gerne an die ›Schweizer‹ – denn die kannte zum Beispiel hier in der Lombardei niemand. Die Leute kamen, erledigten ihren Auftrag und waren schon wieder verschwunden.«

Auch Österreich ist inzwischen ein fixer Bestandteil im Geschäftsmodell der 'Ndrangheta. Immer wieder tauchen Scheinfirmen auf, und auch der Clan aus Cutro wickelte seine kriminellen Geschäfte über Österreich ab. Dabei ging es einerseits um nur auf dem Papier existierende Luxuskarossen wie Porsches, Maseratis und Rolls-Royces, für die österreichische Kaufverträge ausgestellt wurden. Italienische Händler, die dem Clan verpflichtet waren, kauften dann die fiktiven Fahrzeuge. Finanziert wurde der virtuelle Ankauf mittels Leasing. Das ganz reale Geld floss hingegen in die Kassen der 'Ndrangheta.

Andererseits gab es auch einen Handel mit tatsächlich vorhandenen, aber unlauter erworbenen Autos. Diese wurden als gestohlen gemeldet und über Österreich in die Arabischen Emirate gebracht. »Dort kassierten die Mafiosi gesalzene Preise für die Luxuskarossen.« Ähnliches – nämlich Versicherungs- und Leasingbetrug in großem Stil – machten sie auch mit Sattelschleppern und Lastwagen. »Sie haben verstanden, dass die Wirtschaftskriminalität weniger gefährlich ist, aber sehr, sehr viel Geld einbringt.«

Die illegalen Aktivitäten der Clans, unterstreicht die Staatsanwältin ein ganz großes und aktuelles Problem, haben jedoch eine katastrophale Auswirkung auf die lokale legale Wirtschaft. Firmen und damit Menschen würden in den Ruin getrieben. Selbst dann, wenn sie sich zur Wehr setzen, wie der Fall eines Geometers aus Mantua zeigt. Der selbstständige Unternehmer hatte für einen Auftrag einige Kostenvoranschläge eingeholt. Kurz darauf, erzählt Claudia Moregola, präsentierte sich Nicolino Grande Aracris Stellvertreter, um ihm lapidar zu erklären, dass der Auftrag für ihn nicht infrage komme. Es folgten Drohungen, die selbst vor der schwangeren Frau des Mannes nicht haltmachten. Trotz aller Ängste schaltete der geschockte Unternehmer die Polizei ein und brachte damit ein Verfahren ins Rollen. Später schloss er sich im Prozess als Nebenkläger an. Doch heute ist er arbeitslos, denn keiner will mit ihm zu tun haben. »Er war mutig, aber er wird von der Gesellschaft alleingelassen«, sagt die Staatsanwältin und macht ihrem Ärger Luft. »Menschen wie er sind Opfer. Sie werden wirtschaftlich und psychisch ruiniert. Aber es gibt kein schützendes Netz für sie. Wir haben umfassende Strukturen zur Reintegration der Täter, die Opfer bleiben hingegen allein zurück.«

Besondere Sorgen machen der erfahrenen Juristin auch die ökonomischen Auswirkungen der Corona-Pandemie. Der Prozess *Pesci* habe die Jahre nach 2011 untersucht und damit – anhand des Bauwesens – auch die schwere wirtschaftliche Krise des Landes. Ganze Branchen standen lange Zeit still. »In diesem Augenblick haben die Mafien aber ihre besten Geschäfte gemacht«, sagt Claudia Moregola. »Sie verliehen Geld zu Wucherpreisen und trieben Firmen in den Bankrott, nur um sie dann billig aufkaufen zu können.« Auch in der virusbedingten Krise werde das nicht anders sein. »Die Mafien werden die großen Nutznießer sein, da habe ich keinen Zweifel, denn sie verfügen über Unmengen schmutzigen Geldes, das sie im Sinne der Geldwäsche unter die Menschen bringen müssen.«

Claudia Moregola fordert daher größte Aufmerksamkeit und Kontrolle in allen Bereichen. Auch auf EU-Ebene. »Denn diese Leute schaffen es mit ihren ausgeklügelten Systemen, so zu Geld zu kommen, dass es fast unmöglich wird, die Verbindung zur Mafia zurückzuverfolgen.« Claudia Moregola stellt sich auf weitere intensive Jahre ein …

» Ich wollte etwas Konkretes tun. «

Die Anwältin

ENZA RANDO

Sie ist eine von einhundert Frauen, die vom US-amerikanischen Wirtschaftsmagazin *Forbes* zu den erfolgreichsten des Jahres 2020 in Italien gekürt worden sind. 2019 hat ihr eine Umfrage der Tageszeitung *La Repubblica* zur Ermittlung der »Frau des Jahres« den fünften Platz eingebracht. Ehrungen, über die sich Enza Rando freut, die sie aber auch etwas verlegen machen. Die Anwältin ist im Berufsleben energisch und engagiert, als Frau jedoch eher zurückhaltend und scheu.

Dass die Mafia bekämpft werden muss, hat sie schon erfahren, als sie noch gar nicht begreifen konnte, was das Wort überhaupt bedeutet. Wie dieser Kampf aussehen sollte, das ist ihr dann im Laufe ihres Heranwachsens klar geworden. Die Antwort auf Gewalt und Unterdrückung könne nicht einfach wieder Gewalt sein, kommt Enza Rando schon bald zum Schluss. Nur ein Umdenken könne die Wurzeln des organisierten Verbrechens kappen. Und dazu bedürfe es einer kulturellen Veränderung, an der alle mitarbeiten müssen.

Enza Rando ist Italiens Anti-Mafia-Anwältin schlechthin. Die Juristin mit eigener Kanzlei in der emilianischen Stadt Modena leitet die Rechtsabteilung von *Libera*. Sie ist damit in vielen großen Mafiaprozessen das Gesicht der Organisation, die regelmäßig als Nebenklägerin auftritt. Enza Rando steht dabei ausschließlich auf einer Seite: auf der Seite der Opfer. Sie vertritt jene Menschen, die ihre Angehörigen verloren haben, deren Firmen zerstört und deren Leben durch die Mafien ruiniert worden sind. Dadurch wird sie selbst zur Zielscheibe, es hat ihr aber immer wieder auch Anerkennung eingebracht.

Ihre ganz persönliche Geschichte beginnt am 9. Juni 1958 in Niscemi, einer Kleinstadt mitten in Sizilien. Enzas Geburtsjahr ist auf der Insel von einem Machtkampf innerhalb der Corleone-Mafia geprägt, der mit äußerster Brutalität geführt wird. Die vielen Morde ziehen Reporter aus ganz Italien in den Süden und auch das Parlament in Rom befasst sich mit den Vorfällen auf der Insel. Der damalige sozialdemokratische Parteichef und spätere Staatspräsident Giuseppe Saragat mahnt, der Mafia, dieser abstoßenden Plage, müsse ein Ende gesetzt werden. Doch sämtliche Appelle verhallen ungehört. Die Mafia wird nicht nur nicht besiegt, sie geht vielmehr gestärkt aus diesem todbringenden Machtspiel hervor. Am 2. August 1958 tötet ein Killerkommando den damaligen Boss von Corleone, den Mediziner Michele Navarra. Der Richtungswechsel ist vollzogen und der Aufstieg der Corleonesi vorprogrammiert. Mit Salvatore Riina und Bernardo Provenzano als Superbosse werden sie Jahre später ganz Italien in Atem halten.

Enza Randos Eltern beobachten mit Angst und Sorge die Vorgänge auf ihrer Heimatinsel. Denn auch Niscemi leidet unter der *mafia agraria*, der ländlichen Mafia. »Damals gab es für die Menschen in Sizilien nur zwei Möglichkeiten«, sagt die Anwältin heute. »Die einen haben sich mit der Mafia arrangiert und wurden ein Teil von ihr. Die anderen hingegen verließen die Insel, um nicht zugrunde zu gehen.«

Ihre Eltern treffen nach langem Ringen eine schwierige, aber bewusste Entscheidung: Sie gehen weg. »Sie hatten Grundbesitz und hätten ein gutes Leben haben können, aber damals gab es wenig Handlungsspielraum, wenn man sich nicht unterkriegen lassen wollte.«

Das junge Ehepaar folgt den Spuren eines Onkels, der in frühen Jahren seine Ausbildung in Lugano gemacht hat, und beschließt, ebenfalls in die Schweiz zu gehen. Enzas Vater findet Arbeit in einer Fabrik in Uster, in der Nähe von Zürich, und kann sich langsam eine neue Existenz aufbauen. Erst einige Jahre später holen die Eltern Enza und ihren kleineren Bruder, die bei den Großeltern geblieben sind, in die neue Heimat nach. Zuerst nur in den Ferien, später dann ganz. »Als ich das erste Mal in die Schweiz kam, war ich knapp sechs Jahre alt. Und ich weiß noch genau, wie sich das anfühlte, als ich plötzlich gar nichts mehr verstand«, sagt sie. »Es war verstörend, aber es hat mich dermaßen angespornt, dass ich nach einem halben Jahr Deutsch sprechen konnte.«

Enza besucht in Zürich die Sekundarstufe. Dann kehrt sie ohne ihre Familie wieder nach Sizilien zurück. Die Schweiz wird sie dann wieder nur mehr in den Ferien besuchen. Diese Auslandserfahrung habe sie für ihr ganzes Leben geprägt, betont sie heute, aber als Jugendliche vermisste sie ihre Insel schmerzlich. »Mir hat das Leben im Norden sehr gut gefallen, aber Sizilien hat auf mich einen ganz besonderen Reiz ausgeübt.«

Wieder zurück, erlebt sie »ihre« Insel mit allen Sinnen und lässt sich von den wundervollen Farben und den berauschenden Düften der Natur begeistern. Gleichzeitig stellt sie mit Verblüffung fest, dass die Menschen um sie herum nicht fähig waren, all diese Schönheit wahrzunehmen. »Denn wie könnte man sonst ein Leben mit der Mafia akzeptieren, das jeder inneren und äußeren Schönheit zuwiderläuft?«

Diese Erkenntnis macht sie zornig, weckt in ihr aber schon im Gymnasium, das sie als Internatsschülerin bei den Salesianerinnen in Catania durchläuft, den Wunsch, etwas zu verändern. Sie will ihren Teil zu einem besseren Sizilien beitragen. Und das bedeutet, sie muss allen Widrigkeiten zum Trotz auch als Erwachsene auf ihrer geliebten Insel bleiben. So schlägt die Maturantin die Möglichkeit, eine Schweizer oder eine norditalienische Universität zu besuchen, aus und entscheidet sich für Palermo. Auch was das Studium anbelangt, kennt sie keine Zweifel: Sie studiert Jus. Eine unglaubliche Erfahrung, wie sie auch später immer wieder schwärmt.

Jusstudentin in einer aufwühlenden Zeit

Es sind die Jahre des Zweiten Mafiakrieges in Sizilien, aber es sind auch die Anfänge der Anti-Mafia-Bewegung. Giovanni Falcone will die Cosa Nostra mit neuen Instrumenten bekämpfen und arbeitet als Untersuchungsrichter am Aufbau einer Sonderkommission mit. 1986 beginnt in Palermo unter schärfsten Sicherheitsbedingungen der bisher größte Mafiaprozess mit 475 Angeklagten, 200 Strafverteidigern und mehr als 600 Journalisten aus der ganzen Welt. 344 Angeklagte wurden im Dezember 1987 zu insgesamt 2665 Jahren Haft verurteilt. Für die Durchführung des Prozesses musste ein eigener Hochsicherheitstrakt gebaut werden, der selbst einem Raketenbeschuss standhalten sollte.

Möglich wurde dieser *Maxiprocesso* erst durch die Verhaftung von Tommaso Buscetta. Der sogenannte Boss der zwei Welten konnte in Brasilien aufgespürt werden und wurde zum ersten richtigen *pentito*, zum ersten reuigen Mafioso. Seine gegenüber Giovanni Falcone gemachten Aussagen wurden maßgeblich für die Ermittlungen des Richters, der gemeinsam mit seinem Freund und Kollegen Paolo Borsellino tätig war. Beide wurden zu den bekanntesten Gesichtern des sogenannten Anti-Mafia-Pools. Und zu Enza Randos Vorbildern.

Die Studentin Enza verfolgt die Ereignisse in den 1980er Jahren mit lebhaftem Interesse. Wo immer einer der beiden Richter einen Vortrag oder eine Vorlesung hält, ist sie dabei. Meist alleine, denn ihre Studienkollegen können wenig mit dem Thema Mafia anfangen. Sie widmen sich lieber klassischen juristischen Disziplinen. »Mich hat diese Zeit ganz wesentlich geprägt. Ich konnte hautnah miterleben, wie zwei Richter herkömmliche Strukturen aufbrachen und versuchten, das Recht tatsächlich für alle gleich anzuwenden«, beschreibt die Juristin heute ihre palermitanischen Jahre. »Und das, obwohl sie von vielen Seiten angefeindet wurden. Von den Mafiosi, aber auch von Neidern aus den eigenen Reihen.«

Der Einfluss der palermitanischen Richter zeigt sich auch in ihrer abschließenden Doktorarbeit. Die Jusstudentin wählt ein damals ungewöhnliches Thema. Sie schreibt über das *Rognoni-La Torre*-Gesetz. Das »Thema der Zukunft«, ist sie überzeugt.

1982 hat das Parlament in Rom nach langem Ringen dieses Anti-Mafia-Gesetz verabschiedet. Erstmals wurde vom Gesetzgeber damit eine juristische Definition einer »kriminellen Vereinigung mafiösen Typs« verankert. Ein bahnbrechendes Instrument für die Bekämpfung der Mafia in Italien ist geschaffen. Denn ab nun gilt bereits die Mitgliedschaft in einer Mafiaorganisation als Strafrechtstatbestand. Und zwar unabhängig davon, ob ein Delikt begangen wurde oder nicht. Gleichzeitig sieht das *Rognoni-La Torre*-Gesetz eine mögliche Beschlagnahme von Mafiagütern vor und definiert erste Ansätze für ein späteres Zeugenschutzprogramm. Alles Aspekte, die die Doktorandin faszinieren. »Ich wollte dieses Gesetz unbedingt zu meinem Thema machen. Umso mehr, als ich sah, dass man bei uns nicht einmal darüber sprechen wollte«, sagt die Anwältin. »Ich wollte nicht nur zu Begräbnissen gehen – denn zahllose Menschen, unter ihnen auch viele Juristen, wurden damals ermordet – oder an Kundgebungen teilnehmen. Nein, ich wollte etwas Konkretes tun.«

Die Gelegenheit ergibt sich bald. Die Juristin geht in ihre Geburtsstadt zurück und sieht, dass dort vieles im Argen liegt. Niscemi, dessen erste Gründung auf die Araber im neunten Jahrhundert zurückgeht, hätte alle Voraussetzungen, um seinen Bürgern einen guten Lebensstandard zu ermöglichen. Stattdessen waren die Leute arm und suchten ihr Glück in der Auswanderung. 3,7 Millionen Menschen, vor allem Süditaliener, gingen in den 1950er und 1960er Jahren allein nach Deutschland und in die Schweiz.

Niscemi liegt in einem fruchtbaren Hügelland im Südosten Siziliens. Die 30.000 Einwohner zählende Stadt lebt hauptsächlich von der Landwirtschaft und ist dabei weit über die Insel hinaus für ihre Artischocken bekannt. Auch heute noch ist die im Frühjahr stattfindende *sagra del carciofo*, ein Volksfest rund um die begehrte violette Variante der Artischocke, ein Fixpunkt für Händler und Schaulustige. Niscemi gilt als

»Hauptstadt der Artischocke« und liefert rund zwölf Prozent der weltweiten Produktion.

Vizebürgermeisterin und Schulbesetzerin

Wieder in ihrer Stadt zurück sucht Enza Rando Gleichgesinnte und beginnt sich politisch zu engagieren. Sie und ihre Gruppe diskutieren und entwerfen Zukunftsmodelle. Dabei ziehen sie sich aber den Argwohn vieler Bürger zu. Die Gruppe stört die eingefahrenen Muster. 1989 zieht die junge, linksorientierte Juristin trotzdem in den Gemeinderat ein. Dort wird sie mit Gepflogenheiten konfrontiert, die sie zuerst völlig ratlos zurücklassen. Die Sitzungen werden regelmäßig in der Nacht abgehalten. »Beginn 23 Uhr, hieß es. Erst später habe ich verstanden, warum sie das taten. Dank der späten Stunde musste alles rasch durchgepeitscht werden. Die Anliegen gingen daher meist so durch, wie sie der Bürgermeister schon im Vorfeld beschlossen hatte.«

Im Juli 1992 wird der Gemeinderat zum ersten Mal wegen Mafiaverstrickungen aufgelöst. Und der Bürgermeister, Schwager eines Bosses, verhaftet. Enza Rando hat mit ihren Mitstreitern wesentlich dazu beigetragen, dass das entsprechende, erst im Jahr davor beschlossene Gesetz auch in Niscemi zur Anwendung kommt. Zu diesem Zeitpunkt ist die Provinz Caltanissetta, zu der die Kleinstadt gehört, seit fünf Jahren Schauplatz tödlicher Konflikte. Verfeindete Clans – die Cosa Nostra auf der einen Seite, die Stidda, eine noch ziemlich junge Abspaltung historischer Clans, auf der anderen– liefern sich erbitterte Kämpfe. 235 Mordfälle weist die Polizeistatistik in den Jahren 1987 bis 1992 auf, 27 davon allein in Niscemi.

Ein Kind lehren, wie man tötet, das ist pure Gewalt!

Ein Verbrechen der Eltern an ihren Kindern!

ENZA RANDO

Zwei Jahre bleibt die Gemeinde unter Sonderverwaltung. Erst dann können wieder reguläre Wahlen stattfinden. Diesmal kandidieren Enza Rando und ihre Freunde. *Insieme per Niscemi*, gemeinsam für Niscemi, lautet ihr Motto. »Wir waren überzeugt, nun müssen wir Verantwortung übernehmen. Denn Kritik allein reicht nicht. Man muss auch an Lösungen arbeiten! Sonst macht man halbe Sachen.«

Enza Rando und ihre Liste gewinnen. Sie selbst wird Vizebürgermeisterin, denn für das Bürgermeisteramt fühlt sich die junge Anwältin politisch noch zu unerfahren. Sechs Jahre lang wird sie diese Funktion beibehalten. Als Ressorts wählt sie Bildung, Legalität und die Vergabe öffentlicher Aufträge. Enza Rando schwebt ein regelrechter Neubeginn für Niscemi vor. Und dazu brauche es vor allem Bildung und Kultur.

Die neue Vizebürgermeisterin beginnt ihre Amtstätigkeit daher mit einer Besichtigung der Schulen ihrer Stadt. Was sie sieht, erschüttert sie: hässliche, heruntergekommene Gebäude; Schulklassen, die in Garagen untergebracht sind; halbfertige Bauten, die – sich selbst überlassen – langsam wieder verfallen.

Enza Rando denkt dabei an ihre eigene Schulzeit in der Schweiz zurück. An kindgerechte, helle und freundliche Bildungseinrichtungen. Nun will sie das Gleiche für die Kinder von Niscemi. Sie ist überzeugt, dass ein ansprechendes Ambiente wesentlich für die Entwicklung der Schüler und Schülerinnen ist. »Ich fragte mich: Wie können wir gegen die Mafia und für Legalität kämpfen, wenn unsere Kinder unter solchen Bedingungen aufwachsen müssen?«

Insgesamt fünf Schulen – so das Ergebnis ihres Lokalaugenscheins – warten darauf, fertiggestellt zu werden. Zu ihrer Überraschung zeigt ein Blick in die Gemeindekassen, dass es nicht an den dafür nötigen Mitteln fehlt. Das Geld ist vorhanden, der politische Wille aber offensichtlich nicht. Ein Skandal, findet die Vizebürgermeisterin und ordnet die entsprechenden Bauarbeiten an. Doch während des Fortschreitens der Arbeiten kommt es immer wieder zu Zwischenfällen. Feuer brechen auf den Baustellen aus. Beim ersten Mal denkt niemand etwas Böses, aber dann zeigt sich eine sonderbare Dynamik. Je näher die Fertigstellung eines Gebäudes rückt, desto häufiger lodern die Feuer auf. Eine Kampfansage, die in Sisyphusarbeit mündet. Beides will Enza Rando nicht hinnehmen. Sie ist außer sich. Sie weiß: Bald würde der Gemeinde das Geld ausgehen und ihr Projekt zunichtegemacht.

Der Versuch, die Bauarbeiten offiziell überwachen zu lassen, schlägt fehl. In der Präfektur gibt man dem Bürgermeister und seiner Vertreterin zu verstehen, dass die Sicherheit nicht in deren Kompetenz liege. Man müsse beim Heer anfragen. Da hat Enza Rando eine Idee: Sie will selbst für den Schutz der Bauarbeiten sorgen. »Ich habe dem Bürgermeister gesagt: Wir müssen ein ganz starkes Signal setzen. Wir ziehen in die Gebäude ein, verlegen auch Büros und Ämter dorthin und bleiben, bis die Arbeiten abgeschlossen sind.«

Innerhalb kurzer Zeit »besetzt« die Gemeinde ihre Schulen und richtet sich in den zukünftigen Klassenzimmern ein. Von Anfang an ist klar: Soll die Aktion funktionieren, muss die Präsenz rund um die Uhr garantiert sein. Und so werden Matratzen auf den Boden gelegt und Notbetten aufgestellt. Auch Taschenlampen werden verteilt, denn Strom gibt es auf den Baustellen noch keinen. Die selbsternannten Nachtwächter bilden Gruppen und wechseln sich ab.

Zur großen Freude von Enza Rando wird aus der anfänglichen »Gemeindeaktion« eine kleine Volksbewegung. Bürger und Bürgerinnen der Stadt schließen sich ihnen an. Sie kommen zur moralischen und physischen Unterstützung. Viele Frauen bereiten für die »Schulbesetzer« regelmäßig das Abendessen zu. »Am Anfang sagten die Leute, die spinnen ja komplett, aber dann haben sie verstanden. Sie haben gesehen, dass man Verantwortung hat und diese auch umsetzen muss.«

Niscemi wird in diesen Monaten zum Modell für Zivilcourage und friedlichen Widerstand. Die Schulgebäude können fertiggestellt und ihrer Bestimmung übergeben werden. »Damals«, sagt Enza Rando, »habe ich verstanden, warum der Mafia die Schule nicht gefällt: Weil man mit der Schule eine andere Kultur schaffen kann.«

Ihre Tätigkeit als Anwältin gibt Enza Rando in den Jahren ihres politischen Engagements nicht auf. Sie liebt ihren Beruf und will nicht abhängig von Parteien sein. »Die Politik«, sagt sie, »bedeutet nur so lange Freiheit, solange du nicht von ihr abhängig bist.« Ihre Kanzlei ist der Garant für diese Freiheit. Und für viele Herausforderungen.

Das Drama einer Mutter

Im September 1995 bekommt die Anwältin einen Anruf, in dem ihr das Verschwinden eines jungen Mannes mitgeteilt wird. Seit zwei Tagen fehle jede Spur des unbescholtenen 18-jährigen Zahntechnikers. Seine Mutter sei völlig verzweifelt.

Enza Rando fährt zu ihr nach Hause. Ninetta Burgio ist eine allseits beliebte Lehrerin und angesehene Pädagogin. Eine starke Frau, deren Leben jedoch bereits von einem schweren

Schicksalsschlag gezeichnet ist. Sie hat ihren ersten Sohn verloren, als er vier Jahre alt war. Das plötzliche Verschwinden ihres zweiten Sohnes stürzt sie in eine tiefe Krise und sie bittet die Anwältin, alles zu tun, um Pierantonio wiederzufinden. Damit beginnt für Enza Rando nicht nur ein nervenaufreibender Fall, es beginnt auch eine tiefe, lebenslange Freundschaft. Sie weicht Ninetta Burgio nicht mehr von der Seite. Sie begleitet die trotz allem immer hoffnungsfrohe Mutter bei sämtlichen Versuchen, etwas über das Schicksal ihres verschwundenen Sohnes ausfindig zu machen. »Wir sind sogar zu einer Kartenlegerin gegangen. Ich schäme mich nicht, das zu sagen, denn man unternimmt alles angesichts der Verzweiflung einer Mutter.« Doch Pierantonio bleibt verschwunden. Der Fall scheint unlösbar.

14 Jahre dauert die Suche, bei der sich Ninetta und ihre Anwältin auch immer wieder an die Medien wenden. So nimmt die Fernsehsendung der RAI *Chi l'ha visto?*, die das Schicksal abgängiger Menschen zum Thema hat, den Fall auf. Im September 2009 richtet Ninetta Burgio in einer TV-Sendung einen Appell an die Öffentlichkeit: »Gebt mit bitte meinen Sohn zurück! Ich möchte seinem Leichnam zumindest eine würdige Ruhestätte geben. Ich bin seine Mutter. Wenn ich einmal nicht mehr bin, wer wird dann nach ihm weitersuchen?«

Zwei Tage später erhält Enza Rando einen Anruf von der Polizei. Mit großer Wahrscheinlichkeit, teilen die Beamten ihr mit, habe man die Leiche des jungen Mannes gefunden. Der entscheidende Hinweis sei nach dem Aufruf im Fernsehen eingegangen.

Es sei der Mörder selbst, der sich an die Behörden gewendet habe, werden die beiden Frauen kurz darauf in Kenntnis gesetzt. Durch seine Aussagen erfahren sie nun, was tatsächlich in jenem September vor 14 Jahren passiert ist. Pierantonio hat zu seinem 18. Geburtstag von seiner Mutter und seinen Tanten ein Auto geschenkt bekommen, mit dem er gerne in der Stadt seine Fahrpraxis verbessert. Eines Tages kommt er bei einer seiner Ausfahrten an einer Gruppe Jugendlicher vorbei. Am Tag danach lauern sie ihm auf und zwingen ihn, in ihr Auto zu steigen. Sie bringen Pierantonio in ein Waldstück, wo sie ihn regelrecht verhören. »Was hast du gesehen?«, wollen sie wissen. Hat er einen der Burschen erkannt? Hat er beobachtet, dass sie ein Auto angezündet haben?, setzen sie unter vielen Drohungen nach.

Der völlig verängstigte junge Mann verneint alles. Er habe nichts gesehen und daher auch mit niemandem geredet. Doch die Entführer glauben seinen Beteuerungen nicht. Einer von ihnen nimmt seinen Gürtel und erwürgt Pierantonio kaltblütig. Dann steinigen sie den Leichnam und lassen ihn einfach liegen. Erst als sie sich nach einigen Tagen älteren Mafiamitgliedern anvertrauen, verscharren sie den jungen Mann in einer Grube.

Doch wer ist der Mörder?, will Enza Rando wissen. Die Antwort ist ein weiterer Schlag für Ninetta Burgio: Es ist einer ihrer ehemaligen Schüler. Ein Jugendlicher aus einem schwierigen Umfeld, den sie intensiv betreut und auch immer wieder zu sich nach Hause genommen hat. Was sie damals nicht wusste, war, dass er und seine Freunde bereits von der Mafia für Delikte eingesetzt wurden. Sie zündeten Häuser und Autos an, um die Menschen für Schutzgeldzahlungen gefügig zu machen.

Im Januar 2010 werden die sterblichen Überreste Pierantonios begraben. Im Jahr darauf beginnt der Prozess. Enza

Rando und Ninetta bestreiten, wie sie sagt, »den Prozess gemeinsam«. Und sie bringen viele junge Menschen mit in den Gerichtssaal, die den Fall aufmerksam verfolgen. »Das hat es vorher nie gegeben«, sagt die Anwältin, die ab nun diese »praxisbezogenen Anti-Mafia-Vorlesungen« zu ihrem Markenzeichen macht. Während des Prozesses bittet der Angeklagte seine frühere Lehrerin immer wieder um Vergebung. Und die tief gläubige Frau verzeiht dem Mörder ihres Sohnes. »Durch sie«, sagt Enza Rando auch heute noch tief beeindruckt, »habe ich so viel gelernt. Ich habe gesehen, was Vergebung wirklich heißt.«

Im Dezember 2011 stirbt Ninetta Burgio – noch bevor das erste Urteil gefällt werden kann – im Alter von 75 Jahren.

Der 'Ndrangheta entkommt man nicht

Parallel zum Strafverfahren gegen Pierantonios Mörder findet der Gerichtsprozess im Fall Lea Garofalo statt. Die Ermordung der jungen Frau aus einer Familie der kalabrischen Mafia beschäftigt die Ermittler jahrelang und schlägt sich später auch in den internationalen Medien nieder. Enza Rando vertritt im Prozess Lea Garofalos Tochter, die als Nebenklägerin auftritt und gleichzeitig die wichtigste Zeugin ist: Als Kronzeugin beschuldigt Denise Cosco ihren eigenen Vater und dessen Familie.

»Ich hatte viel Erfahrung mit der sizilianischen Mafia«, sagt Enza Rando, »doch die 'Ndrangheta mit ihrer starken Betonung der Blutsverwandtschaft und den daraus resultierenden Strukturen war mir eher fremd.« Auch für die erfahrene Anwältin tut sich eine neue Welt auf.

Lea Garofalo kam 1974 in der Provinz Crotone zur Welt. Sie ist noch ein Baby, als ihr Vater in einer 'Ndrangheta-Fehde ermordet wird. Mit 14 Jahren verliebt sich das Mädchen in den drei Jahre älteren Mafioso Carlo Cosco und geht mit ihm nach Mailand. Zwei Jahre später wird ihre Tochter Denise geboren.

Die junge Frau tut sich schwer mit ihrem Umfeld. Als ihr Mann und andere Familienmitglieder 1996 wegen Drogenhandels ins Gefängnis kommen, versucht sie einen für die 'Ndrangheta inakzeptablen Schritt: Sie will ihren Mann verlassen und Denise mit sich nehmen. Lea Garofalos Versuche, mit ihrer eigenen Geschichte zu brechen, erleiden jedoch immer wieder Rückschläge. Sie ist mit ihrer Tochter allein auf sich gestellt und wird vom Clan ihres Mannes bedroht. Als einzigen Ausweg aus dieser Sackgasse sieht die junge Frau den Gang zur Justiz. Lea Garofalo will aussagen. Sie erzählt den Staatsanwälten von den internen Kämpfen der Clans. Sie erzählt von ihrer Familie, von der ihres Mannes und von Drogen, Mord und Erpressung.

2002 wird sie gemeinsam mit Denise in ein staatliches Schutzprogramm aufgenommen und in die Stadt Campobasso gebracht. Nach vier Jahren kündigt der Staat dieses Schutzabkommen aber wieder auf. Ihre Aussagen seien oft widersprüchlich und ihre Zweifel, ob sie das Richtige tue, weiterhin zu groß, heißt es. Groß sind auch die wirtschaftlichen Sorgen. Mutter und Tochter leben in beengten ökonomischen Verhältnissen. Da sind beide froh, dass der Staat ihr Ansuchen auf Wiederaufnahme in das Zeugenschutzprogramm später positiv beantwortet.

2008 wendet sich Lea Garofalo an Don Luigi Ciotti, den Präsidenten von *Libera*, und lernt bald darauf Enza Rando kennen. »Ich habe sie einige Male getroffen. Eines Tages sagte sie mit todernster Miene zu mir: ›Ich werde sterben; er wird mich umbringen. Aber wenn ich tot bin, wird man meine Geschichte kennenlernen. Und meine Geschichte wird zur Veränderung beitragen.‹«

Im November 2009 verschwindet Lea Garofalo spurlos. Nach Monaten des Zweifels hat sie dem Drängen ihres Ex-Mannes nachgegeben und einem Treffen in Mailand zugestimmt. Er wolle mit ihr über die Zukunft der gemeinsamen Tochter sprechen, hat er ihr ausrichten lassen. Enza Rando, der sie von ihrem Vorhaben erzählt, versucht sie davon abzuhalten. »Ich habe sie mehrmals gebeten, nicht nach Mailand zu fahren. Aber sie meinte, sie habe ja ihre Tochter an ihrer Seite. Da könne ihr nichts passieren.«

Doch Carlo Cosco hat seiner Frau nie verziehen und lockt sie in eine Falle. Am 24. November 2009 verschwindet die 35-Jährige für immer. Am Tag danach geht ihre Tochter zur Polizei: Sie sei sich sicher, dass ihre Mutter ermordet worden ist.

Enza Rando steht Denise Cosco während des Prozesses als Anwältin zur Seite. Eine mutige junge Frau, die nicht nur ihre Mutter, sondern auch ihre beste Freundin verloren hat und nun alles erzählt, was sie über die Clans weiß. Doch auch sie selbst muss sich weiteren schrecklichen Wahrheiten stellen.

»Lange Zeit wusste man nicht, wo die Leiche ist«, sagt Enza Rando, »dann gestand einer der Angeklagten, wie er den Körper beseitigt hat. Er hat Lea verbrannt.« Für Denise bricht erneut eine Welt zusammen. Der Mann, der den Leichnam ihrer geliebten Mutter zerstört hat, ist ihre erste große Liebe. »Ich denke, das ist etwas vom Schlimmsten, was einer jungen

Frau passieren kann. Von einem Mann benutzt zu werden, damit die eigene Mutter getötet werden kann.«

Im Dezember 2014 verurteilt der Kassationsgerichtshof Carlo Cosco und vier weitere 'Ndrangheta-Mitglieder wegen Mordes an Lea Garofalo. Ihre Geschichte trägt – wie von ihr erahnt – tatsächlich zur Veränderung bei. Fernsehfilme und Beiträge entstehen nach dem Prozess. Und trotz Lea Garofalos tragischen Endes nehmen Frauen aus Mafiafamilien Leas Leben immer wieder zum Anlass, um auszusteigen.

Unermüdlich im Einsatz

Die Kinder der Mafien liegen Enza Rando besonders am Herzen. In vielen Prozessen hat sie Opfer und Aussteiger verteidigt und sich dabei gefragt, was mit »den Kleinen« passiert. Wer kümmert sich um sie? Wie und mit welchen Werten wachsen sie auf, vor allem, wenn die Eltern häufig im Gefängnis sind? Der Alltag der Kinder in Mafiafamilie, stellt die Anwältin regelmäßig fest, ist von physischer und psychischer Gewalt geprägt. Buben berichten ihr stolz von regelrechten Waffenarsenalen bei sich zu Hause. Erzählen mit kindlicher Unschuld, wie gut sie schon mit Pistolen und Gewehren umgehen können. Und beschreiben Waffen und Munition, als handle es sich um Spielzeug. »Ein Kind lehren, wie man tötet, das ist pure Gewalt! Das ist ein Verbrechen der Eltern an ihren Kindern!«, empört sich Enza Rando und sucht eine Gegenstrategie.

Auch der kalabrische Jugendrichter Roberto Di Bella ist dieser Ansicht und will die Kinder der 'Ndrangheta aus dem Teufelskreis von Gewalt und *omertà* befreien. So ist das Projekt *Liberi di scegliere* (Frei sein, zu wählen) entstanden, mit dem den Kindern eine bessere Zukunft garantiert werden soll. Eine, die ihnen später erlaubt, selbst über ihren Lebensweg zu entscheiden. Die Grundidee dahinter: Buben und Mädchen sollen entweder einer anderen Familie anvertraut werden oder nur jenem Elternteil, der nicht in mafiöse Aktivitäten verstrickt ist. 2017 und 2018 unterzeichnen die zuständigen Ministerien und die Region Kalabrien die nötigen Protokolle. Auch *Libera* schließt sich an. Verantwortlich für das Projekt ist damit Enza Rando. Reaktionen wie die eines kleinen Jungen geben ihr recht: »Er hat mir strahlend von seinem neuen Zuhause erzählt, das ganz voller Bücher ist. ›Stell dir vor‹, sagte er zu mir, ›die haben lauter Bücher, aber keine einzige Waffe.‹«

Inzwischen suchen auch immer mehr Frauen um die Aufnahme in dieses Programm an, das neben einer eigenen Wohnung auch Arbeitsmöglichkeiten vorsieht. Derzeit sind es 30, die mit ihren Kindern fern der 'Ndrangheta leben, in eigenen Wohnungen und mit eigenen Jobs. »Am Anfang, als den ersten Mafiosi die Vormundschaft entzogen wurde, waren die Ehefrauen sehr wütend. Aber dann sahen sie, dass wir ihnen und ihren Kindern helfen können.«

Die Anwältin weiß um die doppelt schwierige Lage der Frauen, »die von ihren Männern nicht nur sexuell betrogen und meist misshandelt und dabei auch um ihr Muttersein betrogen werden. Die Männer zwingen sie, ihre Kinder nach den Gesetzen der Mafia zu erziehen«.

Diese ungeschriebenen Gesetze müssen endlich durch die des Staates verdrängt werden, gibt sich die Anwältin, die vor

20 Jahren aus privaten Gründen nach Modena übersiedelt ist, kämpferisch. Und zwar in allen Bereichen.

Hier in der Emilia Romagna hat sie daher maßgeblich an der Ausarbeitung eines Gesetzes gegen die Unterwanderung der Wirtschaft durch die Mafia mitgearbeitet. Jenseits aller juristischen Feinheiten geht es – vereinfacht gesagt – um eines: Saubere Unternehmer müssen geschützt und mafiöse aus dem Verkehr gezogen werden. Die Mafien schädigen die legale Wirtschaft, betont Enza Rando auch bei ihren Vorträgen und schärft ihrem Publikum gebetsmühlenartig ein: »Der ehrliche Bürger, der mit Mafiabetrieben zusammenarbeitet, macht sich selbst zum Komplizen.«

Die Juristin, die sich auch als Bürgerrechtsaktivistin sieht, ist in beiden Funktionen unermüdlich im Einsatz. Derzeit vertritt sie *Libera* im *Aemilia*-Prozess, der wegen der vielen Angeklagten und der zahllosen Straftaten auch *Maxiprocesso* des Nordens genannt wird. Im Mittelpunkt steht der Clan Grande Aracri und dessen Ausbreitung in der Emilia Romagna.

In diesem Zusammenhang steht wohl auch ein Einbruch in ihre Kanzlei in Modena. Nach einer großen Konferenz mit Italiens derzeitigem Anti-Mafia-Staatsanwalt Federico Cafiero de Raho und anderen bekannten Juristen entdeckt sie, dass Fremde in ihr Büro eingedrungen sind. Doch bei genauerem Hinsehen merkt sie, dass nichts fehlt. Keine teuren Füllfedern, kein Laptop, nichts. Nur die Aktenschränke sind aufgebrochen und Ordner herausgenommen worden. »Sie haben bestimmte Mafiaakten geöffnet liegen lassen. Damit wollten sie mir zeigen, was sie interessiert. Das war eine unmissverständliche Botschaft.«

Diese Drohung hat sie getroffen. Die Kanzlei war oft bis spät in die Nacht eine Art Zufluchtsort, wo sie in Ruhe ihre Strategien austüfteln konnte. Jetzt ist sie vorsichtig. Ihr Leben beeinflussen lässt sie dadurch aber nicht. Niemand werde sie abhalten, den Dingen weiter auf den Grund zu gehen.

» Es war so entwürdigend. «

Die Anonymen

ROSALYN UND ELSA

Rosalyn ist nicht ihr richtiger Name. Aber er würde ihr sehr gut gefallen, sagt sie. Er strahle etwas Positives aus, sowie Ruhe und Frieden. Seelenzustände, von denen sie träumt, die aber nur ab und zu wie eine Fata Morgana am Horizont aufblitzen.

Es war sehr schwierig, die junge Frau zu einem Interview zu bewegen. Ihre Zustimmung erfolgte letztlich nur unter einer Bedingung: Ihre Anonymität müsse rigoros gewahrt werden, denn Angst und Scham sitzen ihr noch immer fest im Nacken. Ihre tiefen Verletzungen sind selbst ohne Worte unschwer zu erkennen. Die großen, schwarzen – immer wieder von Tränen verschleierten – Augen der jungen Frau sind tieftraurig. Rosalyn ist etwas gelungen, das viele junge Frauen nicht einmal anzudenken wagen: Sie hat einen Menschenhändlerring zur Anzeige gebracht.

Das Gespräch mit Rosalyn findet in Mailand statt. Im schützenden Rahmen einer Vereinigung, die sich gegen Menschenhandel und Zwangsprostitution engagiert. Hier, in der Kooperative *Lotta Contro L'Emarginazione*, hat sie die Unterstützung bekommen, die sie brauchte, um wieder Fuß zu fassen. Trotzdem weint sie bitterlich, als sie ihre Erzählung beginnt.

Rosalyn stammt aus dem Bundesstaat Abia in Nigeria, der nahe am Nigerdelta im Südosten ihres Heimatlandes liegt. Über einhundert Erdölquellen sowie Erdgasförderanlagen tragen wesentlich dazu bei, dass Abia zu den wirtschaftlich am besten entwickelten der insgesamt 36 Bundesstaaten Nigerias zählt. Der Großteil der Bevölkerung Abias lebt jedoch nach wie vor von der Landwirtschaft. Aber auch wenn ihre Heimat wirtschaftlich stabiler als andere Regionen ist, sagt die junge Nigerianerin, die zur Ethnie der Igbo, der drittgrößten des Landes, gehört, »gibt es doch viele Menschen, die im alltäglichen Leben mit großen Problemen zu kämpfen haben«. So wie ihre Familie.

Deren Situation verschlimmerte sich eines Tages dramatisch. Der Vater erkrankte schwer und konnte keiner Tätigkeit mehr nachgehen. Er wurde bettlägerig und musste monatelang zu Hause bleiben. Das ohnehin geringe Einkommen der Familie war plötzlich zur Gänze weg.

Seine älteste Tochter Rosalyn hat gerade ihre Ausbildung an einer höheren Schule begonnen, als sich die Lage zuspitzt. »Ihr Traum«, sagt sie, »war es, einen Master in Kommunikation zu machen.« Doch dieser Traum scheint plötzlich in weite Ferne gerückt. Es sind vor allem die offenen Arztrechnungen und die oft leere Vorratskammer, die ihr und ihrer Mutter schlaflose Nächte bereiten. Und dann wird die medizinische Behandlung des Vaters zur Gänze abgebrochen.

Die Probleme und Ängste der 20-Jährigen sprechen sich im Freundeskreis schnell herum. Sie selbst bittet um Hilfe, obwohl sie – jenseits kleiner geliehener Summen – gar nicht weiß, wie die aussehen könnte.

Eines Nachmittags scheint jedoch unerwartet Rettung in Sicht. Ein Freund einer Freundin kontaktiert sie, um ihr seine

Hilfe anzubieten. »Er erzählte mir von seiner Schwester, die in Italien lebt. Dann sagte er, er könne sie – wenn ich damit einverstanden sei – anrufen und ihr meine Notlage schildern.« Er beschrieb seine Schwester in wärmsten Tönen, erinnert sich Rosalyn ganz genau an dieses Gespräch. »Sie sei sehr warmherzig und hilfsbereit. Außerdem könne sie mir in Italien einen Job verschaffen, damit ich das Geld, das wir so dringend brauchen, verdiene.« Heute wundert sie sich selbst über ihre Naivität und Gutgläubigkeit, aber die Umstände und der Wunsch, aus ihrem Elend herauszukommen, hätten alle Zweifel im Keim erstickt.

Nach ihrem ersten Gespräch meldet sich der junge Mann immer wieder. Er spürt, dass sie noch nicht ganz bereit für diesen großen Schritt ist. Noch dazu ganz alleine, ohne die Familie, gibt er sich der zaudernden jungen Frau gegenüber verständnisvoll. Mit sanftem Druck überzeugt er sie, dass eine Tätigkeit in Italien die Lösung all ihrer Probleme sein werde. Die von seiner Schwester eingeholten Nachrichten klängen sehr erfolgversprechend. Nur eine »Kleinigkeit« gelte es später noch zu besprechen: die Reisekosten. Die müsse Rosalyn natürlich selbst tragen. Ihre erschrockenen Einwände wimmelt der Mann, den sie inzwischen als Freund empfindet, sofort ab. Sie habe Zeit, denn die Rückerstattung würde erst in Italien erfolgen, und da habe sie ja bereits einen Job. Entweder als Verkäuferin in einem Modegeschäft, als Kellnerin in einem Restaurant oder als Friseurin in einem Salon, beschreibt er ihr die Zukunft in rosigen Farben. Die Höhe der Fahrtkosten, sagt Rosalyn heute, habe sie entweder nicht verstanden, weil in Euro ausgedrückt, oder die genannte Summe sei geringer gewesen als die später von ihr verlangte.

»30.000 Euro haben sie nach meiner Ankunft in Italien von mir gewollt.« Eine Summe, die sie wie ein Todesurteil empfand. Wie sollte sie denn jemals diese Geldmenge erarbeiten? Aber gleichzeitig wusste sie: Sie muss. Sie hat ja zu Hause in Nigeria einen Schwur abgelegt.

Der Schwur

Rosalyns Bekannter war nicht mit freundschaftlichen Absichten gekommen. Er gehörte vielmehr einer Vereinigung an, deren Zweck die Anwerbung junger Frauen ist, um sie in Italien auf den Straßenstrich zu schicken. Ein schmutziges Geschäft, das sich in den vergangenen Jahrzehnten für seine Betreiber zu einer stetig sprudelnden Geldquelle entwickelt hat.

In Italien konnten Ermittler erstmals in den 1990er Jahren kriminelle Gruppierungen – sogenannte *Cults* – ausfindig machen, deren Mitglieder alle aus Nigeria stammten. Bald breiteten sich diese *Cults* im ganzen Land aus. Erste Niederlassungen konnten im Veneto, in der Lombardei, der Emilia-Romagna und in Kampanien nachgewiesen werden.

Entstanden sind die *Cults* im Nigeria der 1950er Jahre. Waren sie ursprünglich als Bruderschaften an den Universitäten gedacht, mutierten sie nach den Jahren des nigerianischen Bürgerkrieges, der in Europa besser als Biafra-Krieg bekannt ist, meist zu kriminellen Vereinigungen und verbreiteten sich in mehreren Bundesstaaten. So kamen sie in den frühen 1990er Jahren auch nach Abia.

Typisch für diese Gruppierungen sind die starke Betonung der ethnischen Zugehörigkeit, die Ausübung brutaler Gewalt sowie das enge Band zwischen der Basis im Mutterland und ihren Leuten im Ausland. Der Zusammenhalt innerhalb einer Gruppe wird von den Ermittlern als äußerst eng beschrieben.

Ein besonderes Kennzeichen der *Cults* ist die Ausübung kultischer Handlungen. Diese an die Voodoo-Religion angelehnten Rituale verfolgen allerdings ein sehr irdisches Ziel: Sie dienen allein der psychologischen Knechtung der Beteiligten, die in eine regelrechte Versklavung mündet. Vor allem, wenn junge Frauen damit gefügig gemacht werden, ist ein Entkommen aus diesem religiös motivierten Zwang fast unmöglich. Sie sind durch schwarze Magie untrennbar mit ihren Peinigern verbunden.

Rosalyn stockt, als sie beginnt, über ihren Schwur zu sprechen. Ihre Betreuerin kommt ihr zu Hilfe. »Es geht um das Juju-Ritual«, erklärt Laura Volonterio. Mit dieser ganz speziellen Zeremonie werden die Frauen in eine psychische Zwangslage gebracht und damit abhängig gemacht. »Da viele Nigerianer, trotz der Zugehörigkeit zu anderen Religionen, ihren traditionellen Geisterglauben beibehalten, ist der damit ausgeübte Druck enorm. Sie fühlen sich regelrecht verhext.«

Rosalyn hat ihrer Familie nichts von ihrer neuen Freundschaft erzählt. Nichts von dem Ausweg aus der familiären Notlage, der ihr vorgeschlagen wurde. So geht sie auch heimlich zu dem Treffen, das ihr als »alles entscheidend« beschrieben wird. Dort würde sich zeigen, ob sie »die Chance, nach Italien zu gehen« bekommen werde. Rosalyn hat anfangs große Angst. Doch inzwischen kümmert sich eine ältere Freundin ihres Bekannten um sie. Mit ihr hat sie bereits eine »Art Vertrag« unterschrieben. Das mütterliche Verhalten ihrer »Wohltäterin« hilft ihr, die letzten Bedenken zu überwinden. Sie will den Vertrag nun auch endgültig besiegeln.

»Bei der Zeremonie an einem versteckten Ort«, sagt Rosalyn leise, »waren mehrere Frauen dabei. Zuerst bekam ich eine Kolanuss zum Kauen. Als Zeichen der Gastfreundschaft. Dann musste ich meine Unterhose ausziehen«, fügt sie kaum hörbar hinzu. Einige Schamhaare werden ihr ausgerissen und die Fingernägel geschnitten. Der anwesende Voodoo-Priester ritzt mit einer Rasierklinge ihre Haut ein. »Alle schärften mir ein, ich müsse stark sein. Denn wenn ich nicht daran glaubte, dann helfe mir das nicht.« Der Priester machte aus dem Slip, den Nägeln, den Schamhaaren und dem Blut ein Päckchen, dem er ein Foto der jungen Frau hinzufügte. »Er gab es meiner ›Wohltäterin‹ zur Aufbewahrung. Und ich musste nun meinen Schwur ablegen.«

Rosalyn schwört gleich mehrmals. Sie werde die Reisekosten komplett zurückerstatten. Sie werde niemandem von all dem erzählen und niemals zur Polizei gehen. Und vor allem: sie werde ihrer »Madame« in Italien absolut gehorsam sein.

Die Madame hat eine zentrale Rolle in der Welt der nigerianischen Zwangsprostitution. Diese manchmal auch »Maman« genannten Zuhälterinnen sind meist etwas ältere Frauen, die sich früher selbst prostituiert haben. Ihre Aufgabe ist es, das Vertrauen der jungen Frauen zu gewinnen und die Ausreise aus Nigeria zu organisieren. In Italien angekommen, sind sie ihrer »Beschützerin« komplett ausgeliefert. Einzig und allein die Madame bestimmt, was sie tun dürfen und was nicht. In vielen Fällen reist sie selbst nach Afrika, um die zukünftigen Prostituierten unter Vorspiegelung falscher Versprechen nach Italien zu locken. Im Fall von Rosalyn wurden lokale Bezugspersonen miteinbezogen.

Nur wenige Tage nach dem Juju-Ritual verlässt Rosalyn im Sommer 2017 ihre Heimat. Die junge, unerfahrene Frau hat keine Ahnung, auf welche »Anreise« sie sich eingelassen hat. Das Menschenhändlernetzwerk benützt den Landweg. Rund 5000 Kilometer legt sie mit vielen anderen in einem Konvoi zurück. Die Route führt über Niger nach Libyen und damit durch die gesamte Sahara.

»Die Fahrt war ein einziger Horror. Wir hatten oft nichts zu essen und sie gaben uns nur ganz wenig Wasser«, sagt Rosalyn. »Immer wieder verlor eine von uns das Bewusstsein. Fast alle wurden wir krank. Einige Mädchen haben die Strapazen nicht überlebt.«

Als Rosalyn völlig erschöpft und abgemagert in Tripolis ankommt, entdeckt sie, dass sie plötzlich auf sich allein gestellt ist. »Die Frau, die mich hierhergebracht hat, hat mich inzwischen als nutzlos erachtet und einfach abgeladen.«

Der Aufenthalt in Libyen, weiß die Expertin Laura Volonterio, kann unterschiedlich lang sein. Doch eines ist sicher, je länger er dauert, desto schlimmer für die Frauen. »Denn dann landen sie in *connection houses*, also in Bordellen. Oft werden sie auch an andere kriminelle Gruppen verkauft und häufen damit neue Schulden an. Denn ihre sogenannten Reisekosten erhöhen sich dadurch.«

Drei Monate muss Rosalyn in Tripolis bleiben. Dann nimmt ihre ursprüngliche Madame sie wieder zurück. Die junge Frau ist nun bereit für Italien und wird auf ein Schlepperboot gebracht. Über die erlebte Gewalt in Libyen und während der Fahrt über das Mittelmeer will sie nicht sprechen. Rosalyn verkrampft die Hände und senkt den Kopf.

Fast alle wurden wir krank. Einige Mädchen haben

die Strapazen der Fahrt nicht überlebt.

ROSALYN und ELSA

Was sie damals nicht wissen konnte: Die Menschen, denen sie vertraute, gehören einer richtigen Mafiaorganisation an. So hat der italienische Kassationsgerichtshof die nigerianischen *Cults* als kriminelle Formationen bezeichnet, deren Organisation und Vorgangsweise typisch »mafiöse« Züge aufweisen. Ihre bevorzugten Geschäftsfelder seien der Handel mit Drogen sowie Menschenhandel und Prostitution. Die zahlenmäßig stärksten Gruppierungen in Italien – schreibt die *Direzione investigativa antimafia* – heißen The Supreme Eiye Confraternity, Black Axe, Maphite und Vikings. Sie alle gelten als extrem brutal, verfügen in Nigeria aber über beste Beziehungen zu Politik und Wirtschaft. In Italien selbst haben sie feste Strukturen aufgebaut und bilden bei Bedarf Allianzen mit kleineren Gruppen sowie den italienischen Mafien. Die erzielten illegalen Gewinne schicken sie großteils nach Nigeria, wo lokale kriminelle Netzwerke sie für ihre Aktivitäten verwenden.

Zur Prostitution nach Österreich geschickt

Die Anfänge der nigerianischen Prostitution in Europa gehen auf die 1980er Jahre und den Bundesstaat Edo zurück. Damals gab es gute Handelsbeziehungen mit dem Modeland Italien. Nach dem Niedergang der nigerianischen Wirtschaft ging es aber bald nicht mehr um Stoffe und Schuhe, die Frauen selbst wurden zur Ware. Daran hat sich bis heute nichts geändert.

Auch Elsa stammt aus Edo. Auch ihr Name ist erfunden, weil sie anonym bleiben will. Die heute 23-Jährige kommt aus der Hauptstadt des Bundesstaats, aus Benin City, die über Jahrhunderte das Zentrum des Königreichs Benin war. Ihre Bewohner sind stolz auf ihre Kunst und Kultur. Ihre Bronzearbeiten und

Skulpturen aus Holz und Elfenbein haben die westliche Kunst stark beeinflusst und landeten während der Kolonialzeit häufig als Raubgut in europäischen Sammlungen. Heute ist die Stadt Nigerias Zentrum der Gummiindustrie und trägt einen wesentlichen Teil zur Erdölverarbeitung bei.

Doch Benin City und seine ländliche Umgebung, weiß Elsa aus eigener Erfahrung, stehen auch für Zwangsprostitution. Die Region ist der größte »Umschlagplatz des Frauenhandels«. So stammen 85 Prozent aller nigerianischen Frauen, die in Italien auf dem Straßenstrich landen, aus der Hauptstadt von Edo. Elsa weiß aber auch, dass ihre Geschichte stellvertretend für Zigtausende andere steht und dass der »Markt seit Langem in vielen Ländern blüht«. Dieser »Markt« hat sich über Italien in halb Europa ausgebreitet.

Elsa wurde für Österreich bestimmt.

»Meine Familie ist arm«, sagt sie, »und es fehlte daher auch das Geld für die Schule.« Die Lösung in ihrem Fall scheint 2013 eine »Bekannte ihrer Großmutter« gefunden zu haben. Eine Madame, wie sie erst später erkennt.

Gelockt wird die damals 16-jährige Elsa mit der Aussicht auf eine solide Ausbildung und ein gutes Leben in Europa. Beweise für ihre Aussagen gebe es genug, gibt ihr die Frau zu verstehen. Man brauche sich nur umzusehen: Überall in den Armenvierteln gebe es inzwischen schöne Häuser, die mit dem erwirtschafteten Geld der jungen Frauen in Europa entstanden seien. Als man ihr sagt, dass bereits ein Flug für sie gebucht sei, willigt Elsa ein. Anders als bei Rosalyn vermeiden ihre Menschenhändler die »Landroute« und wählen die direkte Einreise nach Europa. Dafür bekommt Elsa auch einen neuen Pass. Einen gefälschten, wie sie bald sieht: Name und Geburtsdatum wurden geändert. Elsa ist nun offiziell vier Jahre älter – statt 1997 steht 1993 in ihrem neuen Dokument – und damit nicht mehr minderjährig. Ein Vorteil bei der Einreise, geben ihr ihre Begleiter zu verstehen.

Doch nicht nur der Pass ist falsch, auch alle Versprechen erweisen sich als Lügen. Elsa landet in der Zwangsprostitution. Zuerst muss das Mädchen, das 16.000 Euro »Schulden« abzuzahlen hat, auf der Straße arbeiten. Dann wird es in ein Laufhaus einer österreichischen Provinzstadt gebracht. Dort wird Elsa gezwungen, Alkohol und Drogen zu konsumieren. »Warum muss ich fremden und oft alten Männern gefügig sein und alles tun, was sie von mir verlangen? Warum tun die das alles?«, fragt sie bitter. Ekel und Angst dominieren ihr junges Leben.

Die Flucht

Rosalyn hingegen kommt nach ihrer Ankunft in Italien in ein Flüchtlingszentrum. Nur wenige Tage danach schmuggeln sie Landsleute aus dem Lager heraus. Sie bekommt ein Mobiltelefon und wird in den Norden des Landes gebracht, wo sie drei Tage an einem ihr unbekannten Ort im Dunklen eingeschlossen bleibt. Dann taucht ihre neue Madame auf und bringt sie in ihre Wohnung. Dort wartet bereits eine Friseurin. Eine andere Frau bringt Kleidung und High Heels. Rosalyn wird neu gestylt. »Am nächsten Abend haben sie mich regelrecht verkleidet. Sie zogen mich an und schminkten mich. Ich musste ja wie eine Prostituierte aussehen«, erzählt Rosalyn von jenem Moment, in dem sie endgültig realisierte, wie sie ihr Geld verdienen sollte. Dann zwingen sie die verängstigte junge Frau in ein Auto. An einem bestimmten Punkt steigt die Madame mit ihr aus.

»Sie erklärte mir, dass ich ab nun hier stehen würde. Sie drückte mir eine Menge Kondome in die Hand, die ich in meine Handtasche stecken sollte«, sagt Rosalyn weinend. »Zum Schluss schärfte sie mir ein, ich müsse jeden Mann, der um die Ecke kommt, auf mich aufmerksam machen. Ich war so verzweifelt. Das war nicht das Leben, das ich mir in Nigeria vorgestellt hatte. Es war so entwürdigend.«

Rosalyn verweigert an ihrem ersten Abend jeden Kontakt mit ihren »Kolleginnen« auf dem Straßenstrich. Sie bringt auch wenig Geld nach Hause. Die Freier übersehen die zusammengekauerte, verschreckte Frau. Das bringt ihr bei ihrer Madame Schläge ein.

Fast zur selben Zeit veröffentlicht die italienische Verbraucherschutzorganisation Codacons ihre Erhebungen zum Thema Prostitution in Italien. Der geschätzte Jahresumsatz des Sex-Business wird mit 3,9 Milliarden Euro angegeben, die jährliche Zahl der Klienten mit rund drei Millionen. Italienweit sind, laut Codacons, 90.000 Sexarbeiterinnen im Einsatz. Knapp zwei Drittel von ihnen arbeiten auf der Straße. Auch über Alter und Herkunft gibt die Untersuchung Auskunft: Zehn Prozent der Prostituierten sind minderjährig und 55 Prozent kommen aus dem Ausland. Ein Drittel von ihnen sind Nigerianerinnen. Wie Rosalyn.

Eine Woche lang steht die junge Frau an der ihr zugewiesenen Straßenecke. Dann ist ihr Ekel größer als ihre Angst. Sie bettelt einen Freier an, ein Telefonat für sie zu machen. »Ich konnte ja nur wenige Worte Italienisch. Ich hatte aber eine Telefonnummer, die mir im Auffanglager gegeben worden war und die ich vor der Madame versteckt hatte.« Die Kontaktaufnahme durch ihren Freier klappt, doch niemand kann sie in derselben

Nacht abholen. Da haut Rosalyn ab und versteckt sich voller Angst am Bahnhof.

»Die Madame war so wütend, sie hat sofort meine Mutter verständigt und drohte mir ganz fürchterlich«, erzählt Rosalyn von dem Druck, der auf ihrer Seele lastete. »Meine Mutter rief dann mich an und flehte, ich müsse zurückgehen. Etwas ganz Schreckliches würde sonst passieren. Ich hatte doch einen Schwur abgelegt!«

Doch nach ein paar Tagen spürt sie, es gibt nur einen Weg: Sie muss raus aus diesem Albtraum. Der Rest sei einfach Glück gewesen. Man habe sie nach Mailand in diese Kooperative gebracht.

Rosalyn war sehr mutig, bestätigt Laura Volonterio, denn nur wenigen gelinge es, die Mauer der Angst und des Schweigens zu durchbrechen. »Sieben Tage in der Woche müssen die Mädchen anschaffen gehen«, beschreibt die Expertin die ausweglose Lage. »Selbst wenn sie ihre Tage haben, werden sie nicht geschont.« Denn die jungen Frauen müssen nicht nur ihre »Schulden« abzahlen. Sie müssen auch für alles andere bezahlen: »Essen, Verpflegung, ja selbst die aufgezwungene Abtreibung, wenn eine Frau schwanger wird.« Dabei gebe es in Italien strenge Gesetze, die die Prostitution regeln. »1958 wurden mit dem nach der Senatorin Merlin benannten Gesetz sämtliche Bordelle geschlossen und der Tatbestand der ›Ausbeutung‹ und der ›Begünstigung‹ von Prostitution eingeführt.« 2008 sollte auch die Straßenprostitution verboten werden. Der entsprechende Gesetzesvorschlag wurde jedoch nie definitiv verabschiedet. Ein großer Graubereich ist geblieben.

In Mailand wird Rosalyn in ein Schutzprogramm aufgenommen. Dadurch erlangt sie auch eine Aufenthaltsgenehmigung.

Aus humanitären Gründen. So sieht es das Gesetz für die Opfer des Menschenhandels vor.

Versuch einer Rückkehr

Die Kooperative betreut Rosalyn auf ihrem schwierigen Weg aus der Zwangsprostitution heraus, der sie auch zur Polizei führt. Die junge Frau packt aus und zeigt ihre Zuhälterin in Italien an. Gleichzeitig liefert sie den Ermittlern wichtige Hinweise über die Hintergründe des Menschenhändlerrings. Informationen, die auch an die NAPTIP weitergegeben werden. Die *National Agency for the Prohibition of Trafficking in Persons* mit Sitz in Nigerias Hauptstadt Abuja wurde 2003 gegründet, um Menschenhandel und Menschenrechtsverletzungen zu bekämpfen. Ein schwieriger Kampf, denn die Hintermänner sind oft schwer ausfindig zu machen. Und Korruption und Gewalt im eigenen Land befeuern das schmutzige Geschäft mit jungen Frauen und Kindern.

Am 24. Dezember 2016 setzt auch Elsa einen entscheidenden Schritt. Die verzweifelte junge Frau wendet sich an einen Streetworker und dieser schreibt der Leiterin der Initiative *Aktiv gegen Menschenhandel – Aktiv für Menschenwürde in Oberösterreich.* »Notruf« steht in der Betreffzeile des Mails, das die Salvatorianerin Maria Schlackl an diesem Weihnachtsabend erhält. Es gehe um eine junge Nigerianerin, die zurück in ihre Heimat möchte. Maria Schlackl gelingt es, per Handy Kontakt mit ihr aufzunehmen. Die Telefonate bleiben monatelang auf das Allernotwendigste beschränkt. Dann bricht die Kommunikation plötzlich ganz ab. Die Nummer existiert nicht mehr. Ihre Aufpasser haben ihr das Telefon abgenommen. »Ich hatte

Angst, dass ihr etwas zugestoßen ist«, sagt die Menschen-
rechtsaktivistin. »Sie hatte ja nicht viel erzählt, aber ich wusste,
dass sie gewürgt worden ist.«

Wochen später gelingt es Elsa erneut, sich mit der Initiative
in Verbindung zu setzen. Jetzt bittet sie, ihr um jeden Preis zu
helfen. Sie sei am Ende ihrer Kräfte.

Maria Schlackl verschafft ihr eine Unterkunft und Elsa
beginnt Deutsch zu lernen. Langsam gelingt es ihr auch, ihre
eigene Geschichte zu formulieren. Sie lernt ihr persönliches
Drama in Worte zu fassen. Und auch sie sagt aus. »Meine Mafia«,
sagt sie später, »sitzt in Spanien.« Ihre Peiniger verfügen über
ein dichtes Netzwerk in mehreren Ländern. Trotz aller Angst
schildert sie den Behörden ihre persönliche Hölle und nennt
die ihr bekannten Hintermänner.

Auch Elsa erhält wie Rosalyn einen Aufenthaltstitel. Um
ihn behalten zu können, muss sie aber offiziell in Österreich
arbeiten können. Ein schwieriges Unterfangen, wie sich trotz
vieler Bemühungen herausstellt. Als Drittstaatsangehörige
bekommt sie die entsprechende Bewilligung nur über das AMS,
das Arbeitsmarktservice. Ein weiterer Hemmschuh ist ihre Ver-
sicherungsnummer, die sich aus ihrem gefälschten Geburtsdatum zusammensetzt und daher nicht gültig ist. Ein bürokrati-
scher Teufelskreis nimmt seinen Lauf, der die junge Frau in eine
tiefe Depression stürzt. Sie hat zwar die ihr auferlegten Fesseln
ablegen können. Frei ihr Leben gestalten kann sie trotzdem
nicht. Ihre Zukunft bleibt ungewiss.

Rosalyn hat in Italien eine Ausbildung als Kellnerin gemacht
und ist glücklich über ihr gutes Zeugnis.

In ihr Land will sie nicht mehr zurück. Sie fühle sich verraten
und missbraucht. Eines, sagt sie, sei ihr aber besonders wichtig.

Sie will helfen, Vorurteile abzubauen. »Viele Leute glauben, wir seien alle Nutten. Aber nicht alle Nigerianerinnen kommen hierher, um mit Sex auf der Straße ihr Geld zu verdienen.«

Und noch eines liegt ihr am Herzen: Die jungen Frauen in Nigeria müssen besser informiert werden über das, was sie in Europa tatsächlich erwartet. Denn solange die Nachfrage auf dem Sexmarkt derart groß sei, werde der Frauenhandel weiter betrieben werden. Und die Mafia daran verdienen.

Die Autorin

MATHILDE SCHWABENEDER-HAIN

ist eine bekannte Journalistin. Sie studierte Romanistik in Rom. Dort leitete sie bis Sommer 2020 als Korrespondentin die ORF-Außenstelle, die für die Berichterstattung aus Italien, dem Vatikan und Malta zuständig ist. 2014 erschien ihr Bestseller »Die Stunde der Patinnen – Frauen an der Spitze der Mafia-Clans« im Styria Verlag.

Mathilde Schwabeneder fielen zuerst die Frauen in der Mafia auf. Von dort war es dann nicht sehr weit zu jenen, die die Mafien bekämpfen. Es handelt sich um ganz unterschiedliche Frauen, mit ganz unterschiedlichen Motivationen. Aber eines haben sie gemein: den Mut, sich kriminellen Organisationen entgegenzustellen, die zu den gefährlichsten und mächtigsten der Welt zählen. Keine einzige sieht sich als Heldin. Sie tun ihre Arbeit ganz ruhig, aber mit viel Einsatz und Überzeugung – und es ist noch viel zu tun.

Wenn Sie vom Engagement der Porträtierten ebenso berührt waren, laden wir Sie ein, unter **https://mafianeindanke.de/ spenden** ein Zeichen gegen das organisierte Verbrechen zu setzen.

Bildnachweis

S. 10:   Max Firreri/Zuma/picturedesk.com

S. 28:   Gaetano Lo Porto/AGF/ picturedesk.com

S. 48:   Ciro Fusco/ANSA/picturedesk.com

S. 70:   Rainer Jensen/dpa/ picturedesk.com

S. 88:   Alessia Candito, privat

S. 108: R4545/dpa Picture Alliance/ picturedesk.com

S. 128: Felice Calabro'/ AP/ picturedesk.com

S. 148: Giuseppe Nicoloro/AGF/ picturedesk.com

S. 170: Adobe Stock/fizkes

S. 188: Harald Eisenberger

» Sie werden eingeschüchtert und bedroht: Staatsanwältinnen, Polizistinnen und Politikerinnen – sie alle sind Aufdeckerinnen der weltweiten Machenschaften der Mafia. «

Möchten Sie mit Mathilde Schwabeneder in Kontakt treten? Wir freuen uns auf Austausch und Anregung unter **leserstimme@styriabooks.at**

Inspirationen, Geschenkideen und gute Geschichten finden Sie auf **www.styriabooks.at**

STYRIA BUCHVERLAGE

© 2020 by Molden Verlag
in der Verlagsgruppe Styria GmbH & Co KG
Wien – Graz

Alle Rechte vorbehalten.
ISBN 978-3-222-15056-2

Bücher aus der Verlagsgruppe Styria gibt es
in jeder Buchhandlung und im Online-Shop
www.styriabooks.at

Projektleitung: Ulli Steinwender & Sophie Wolf
Covergestaltung: Emanuel Mauthe
Layout und Buchgestaltung: Burghard List
Lektorat: Barbara Köszegi
Druck und Bindung: CPI
Printed in the EU
7 6 5 4 3 2 1